W0199106

Kaisergebirge

Walter Theil

Karten-
Legende
auf den
Umschlag-
klappen

KOMPASS

Wanderführer

Impressum

© KOMPASS-Karten GmbH, 6063 Rum/Innsbruck, Österreich

1. Auflage 2010 Verlagsnummer 5618 ISBN 978-3-85026-232-3

Text und Fotos: Walter Theil
Bildnachweis: Alle Abbildungen vom Autor mit Ausnahme von s.121 (Siegfried Garnweidner), S. 4/5: Kaiser-Impression auf dem Weg zur Wochenbrunner Alm
Titelbild: Bauernhaus im Kaisergebirge (Foto: FLeer/a1pix/picturedesk.com)
Grafische Herstellung: wt-BuchTeam, Garching a.d.Alz
Wanderkartenausschnitte: © KOMPASS Karten GmbH

Alle Angaben und Routenbeschreibungen wurden nach bestem Wissen gemäß unserer derzeitigen Informationslage gemacht. Die Wanderungen wurden sehr sorgfältig ausgewählt und beschrieben, Schwierigkeiten werden im Text kurz angegeben. Es können jedoch Änderungen an Wegen und im aktuellen Naturzustand eintreten. Wanderer und alle Kartenbenützer müssen darauf achten, dass aufgrund ständiger Veränderungen die Wegzustände bezüglich Begehbarkeit sich nicht mit den Angaben in der Karte decken müssen. Bei der großen Fülle des bearbeiteten Materials sind daher vereinzelte Fehler und Unstimmigkeiten nicht vermeidbar. Die Verwendung dieses Führers erfolgt ausschließlich auf eigenes Risiko und auf eigene Gefahr, somit eigenverantwortlich. Eine Haftung für etwaige Unfälle oder Schäden jeder Art wird daher nicht übernommen. Für Berichtigungen und Verbesserungsvorschläge ist die Redaktion stets dankbar. Korrekturhinweise bitte an folgende Anschrift:

Walter Theil, Irmengardstr. 9, D-84518 Garching a.d.Alz
Tel.: 0049/(0)8634/689803, Fax: 0049/(0)8634/689804
info@wt-buchteam.de, www.wt-buchteam.de

KOMPASS-Karten GmbH, Kaplanstraße 2, A-6063 Rum/Innsbruck
Tel.: 0043/(0)512/2655610, Fax: 0043/(0)512/2655618
kompass@kompass.at, www.kompass.at

Walter Theil

Was macht das Kaisergebirge für Sie so besonders?
Das Kaisergebirge ist das Kompaktangebot für den Bergsteiger schlechthin. Für den sportlichen Kletterer, den engagierten Gipfelwanderer, den Klettersteigliebhaber oder den gemütlichen Hüttenbummler – im „Kaiser“ kommen sie alle auf Ihre Kosten, die „Zahmen“ und die „Wilden“, denn das steinerne Herz dieses Felsgebirges ist eingebettet in eine herrliche Wanderlandschaft. Und beim Start in Kufstein durchs Kaisertal oder in Griesenau durchs Kaiserbachtal hat man immer noch die Qual der Wahl: „Wilder Kaiser“ oder „Zahmer Kaiser“ – und wer sich nicht entscheiden kann, der sitzt schließlich auf dem einmalig gelegenen Stripsenjochhaus und genießt den Rundumblick von zentraler Stelle aus.

Vorwort

Obwohl das Kaisergebirge vor allem als Klettergebiet weithin bekannt ist, ist es doch Jahr für Jahr auch das Ziel von Scharen von Bergwanderern – und das zu Recht, denn dieser kleine und kompakte Gebirgsstock hat weit mehr als Kletterwände zu bieten.
Hier kommen die Ausflügler, die nur schauen und staunen wollen ebenso auf ihre Kosten wie die gemäßigten und die ambitionierten Berggeher. Von gemütlichen Hüttenwanderungen bis zu schweißtreibenden Überschreitungen, von leichten Aussichtstouren bis zu drahtseilgesicherten Klettersteigen, der Kaiser bietet auf engstem Raum alles, was das große und kleine Bergsteigerherz begehrt.
Und wer sich von den schroffen Felswänden und steilen Karen des Wilden Kaisers abgeschreckt fühlt, der wandert im Zahmen Kaiser oder besteigt die angrenzenden Berge, stets mit eindrucksvollem Ausblick auf die gewaltigen Gipfelzacken und die markanten Felswände der berühmten Kletterberge.
Das Felsmassiv des Kaisers ist von einer sehr abwechslungsreichen und wanderfreundlichen Gebirgslandschaft eingerahmt: idyllisch gelegene Seen und weite Almen, einladende Hütten und freundliche Dörfer heißen Sie willkommen, so dass jeder den Kaiser auf seine Art erleben und genießen kann.

Viel Spaß und erlebnisreiche Tage.

Walter Theil

Mächtige Wände und schroffe Gipfel über grünen Tälern

Inhalt

Länge (in Kilometern)	Höhenmeter Aufstieg	Höhenmeter Abstieg	Parkplatz	öffentliche Verkehrsmitteln	Aufstiegshilfe	Abstiegshilfe	Einkehr	Übernachtungsmöglichkeit	Gipfel	Schwindelfreiheit erforderlich	Kinderfreundlich	Fahrradtauglich	kulturelle Highlights	für Allergiker geeignet	Bademöglichkeit	mit Panoramablick	Rundtour
10,5	1130	1130	●	●	–	–	●	●	●	○	○	–	–	○	–	●	–
12,5	905	905	●	–	–	–	●	●	○	○	–	–	–	○	–	●	–
12	1250	1250	●	●	–	–	●	●	●	–	○	–	–	○	–	●	○
16	1580	1580	●	●	–	–	●	●	●	○	–	–	–	○	–	●	○
20	1580	1580	●	●	–	–	●	●	●	○	–	–	–	○	–	●	●
11	1300	1300	●	●	–	–	–	–	●	●	–	–	–	○	–	●	–
8	650	650	●	●	–	–	●	●	–	–	○	–	–	○	–	○	●
10	900	900	●	●	–	–	●	–	●	–	●	○	–	○	–	●	○
16,5	1400	1400	●	–	–	–	●	●	●	●	–	–	–	○	–	●	●
9	650	650	●	●	–	–	●	●	●	–	○	–	○	○	●	○	●
7,75	450	450	●	●	–	–	●	●	●	–	○	○	–	○	●	○	●
6	425	425	●	–	–	–	●	●	●	–	●	●	–	○	–	●	○
15	885	885	●	●	–	–	●	●	●	–	●	○	–	○	●	●	●
15	1160	1160	●	●	○	–	●	–	●	–	–	○	–	○	–	●	●
12	890	890	●	●	–	–	–	–	●	–	●	–	○	○	–	●	–
15,75	410	410	●	●	–	–	●	●	–	–	●	–	●	○	–	○	○
8	220	220	●	●	●	●	●	●	●	–	●	–	–	○	–	●	●
11	880	880	●	●	●	●	●	●	●	●	–	–	–	○	–	●	–
24	1680	2440	●	●	●	–	●	●	●	●	–	–	–	○	–	●	●
24	1080	1080	●	●	–	–	●	●	–	–	●	–	–	○	–	●	–
10,5	1470	1470	●	–	–	–	●	–	●	●	–	–	–	○	–	●	–
8	1210	1210	●	–	–	–	●	●	●	●	–	–	–	○	●	●	–
4,5	540	540	●	–	–	–	●	●	–	○	●	–	–	○	–	●	●
8,5	1110	1110	●	–	–	–	●	●	●	○	–	–	–	○	–	●	–
8	1260	1260	●	–	–	–	●	●	●	●	–	–	–	○	–	●	–
9	655	655	●	–	–	–	●	–	–	–	●	–	–	○	–	○	●
7,75	725	725	●	–	–	–	●	●	●	–	●	–	–	○	–	●	●
13,5	870	870	●	–	–	–	●	●	●	–	●	–	–	○	–	●	○
16,5	1610	1610	●	●	–	–	●	●	●	●	–	–	–	○	–	●	●
10	1580	1580	●	–	–	–	●	●	●	●	–	–	–	○	–	●	–
7,5	950	950	●	–	–	–	●	●	–	●	–	–	–	○	–	○	●
9	1170	1170	●	–	–	–	●	●	●	●	–	–	–	○	–	●	–
5	660	660	–	–	–	–	●	●	–	●	–	–	–	○	–	●	–
9	1310	1310	–	–	–	–	●	●	–	●	–	–	–	○	–	●	●
11	1080	1080	●	–	–	–	●	●	●	○	●	–	–	○	–	●	●
13	760	760	●	●	–	–	●	●	–	–	●	○	–	○	–	○	●

● Schwierigkeitsgrad ● Ja ○ Bedingt – Nein

Das Gebiet

Die schroffe und abweisende Felssilhouette des Wilden Kaiser täuscht: Sowohl von Süden (Wochenbrunner Alm, Hintersteiner See, als auch von Westen (Brentenjochlift), aber vor allem von Osten (Mautstraße durch das Kaiserbachtal bis zur Griesner Alm) lässt es sich dem Kaisergebirge auf relativ einfache und bequeme Art näherkommen.

Zwei Gebirgszüge, die in Ost-Westrichtung verlaufen, dominieren das im Verhältnis zu anderen Gebirgsgruppen eher kleine Kaisergebirge. Im Norden ist es der wenig ausgeprägte Gipfelkamm des so genannten „Zahmen" Kaisers, der sich von der Naunspitze bis zum Roßkaiser erstreckt und mit der Vorderen Kesselschneid gerade noch die 2000-Meter-Grenze erreicht, im Süden ist es der zwar nicht wesentlich höhere, aber ungleich schroffere und mit imposanten Gipfelzacken ausgestattete „Wilde" Kaiser, der eine Vielzahl berühmter Kletterberge aufzuweisen hat. Fast in der Mitte der Hauptkette erhebt sich mit der Ellmauer Halt, 2344 m, der höchste Punkt des gesamten Kaisergebirges.

Das rund 1500 m hoch gelegene Stripsenjoch stellt die Verbindung zwischen diesen beiden Gebirgskämmen dar, und trennt gleichzeitig das Richtung Kufstein ziehende Kaisertal im Westen vom Kaiserbachtal im Osten. Das an dieser zentralen Stelle bereits im Jahre 1902 errichtete Stripsenjochhaus ist deshalb nicht nur ein grandioser Aussichtsplatz, sondern für Bergwanderer und Kletterer auch ein idealer Ausgangsort. Dies umsomehr, da die Schutzhütte dank einer Mautstraße von Griesenau bis zur Griesneralm mit einer Gehzeit von 1,5 Std. relativ schnell und leicht zu erreichen ist. Generell ist die

KOMPASS INFO

„Das Kaisergebirge ist heute vielleicht das am besten gekannte und am stärksten besuchte Hochgebirge der Alpen. Diesen Vorzug dankt es seiner wilden Schönheit, seinem Reichtum an prachtvollen Klettereien und seiner günstigen Lage... Man hat es den Dolomiten Südtirols gleichgestellt. In mancher Hinsicht mag das zutreffen; dem Auge, Gemüt bietet es mehr. Man staunt über die bizarren Formen der Dolomitentürme, aber so erschütternd, überwältigend wie die ungeschlachten, auf engem Raum zusammengedrängten Felskolosse des Kaisergebirges wirken sie nicht. Während die rötlichen Bastionen der Dolomiten sich meist über ödem Trümmermeer oder verdorrten Grashängen emportürmen und oft nur ein hohes Mittelgebirge krönen, tauchen die schroffen Mauern des Kaisergebirges tief hinab ins Tal und ihr mildes Grau gibt mit dem dunklen Grün der Wälder und Latschen und dem sanften Blau des Himmels ein Bild voll Stimmung und Schönheit."

aus: Georg Leuchs, 1911,
Führer durch das Kaisergebirge

Oberhalb der Gruttenhütte präsentiert sich die Südseite des Wilden Kaisers sehr eindrucksvoll.

touristische Infrastruktur hervorragend und es stehen für sämtliche bergsteigerischen Aktivitäten in allen Teilen des Kaisergebirges und seiner angrenzenden Berggebiete genügend Stützpunkte und Einkehrmöglichkeiten zur Verfügung.

Auch hoch gelegene Ausgangspunkte, die mit dem Auto erreichbar sind, ermöglichen für weniger geübte Geher das Erreichen aussichtsreicher Hütten und einfacher Gipfelziele und sind andererseits eine willkommene Unterstützung bei ambitionierteren Unternehmungen.

Dass man dennoch auf keinem Kaisergipfel von Halbschuhtouristen umlagert ist, ist die erfreuliche Folge einer äußerst sparsamen Lift- und Bergbahnerschließung, die mit der Ausweisung des 10 200 ha umfassenden „Naturschutzgebietes Kaisergebirge“ bereits im Jahre 1963 seine gesetzliche Form fand.

KOMPASS INFO

Der Kaiserwinkl

Die zu Füßen der „zahmen“ und „wilden“ Gipfel der beiden Kaisermassive liegende, um die Orte Kössen, Walchsee und Schwendt gruppierte Landschaft, wird mit dem Begriff Tiroler Kaiserwinkl bezeichnet.

Diese herrliche Wander- und Radlergegend ist aber mehr als nur eine schöne Aussichtswarte zu den Kaiserbergen, denn die Mischung aus moderaten Gipfelzielen und herrlichen Bergseen gibt dieser Ecke einen ganz eigenen Charme.

Erwähnenswert ist auch der rund 120 km lange Wanderweg zwischen dem Tiroler Kaisergebirge und dem Bayerischen Chiemsee, der unter dem Motto „Grenzenlos Wandern“ in einer neun Tagesetappen umfassenden Erlebnistour durchgeführt werden kann.

Die Talorte

Durchholzen
691 m, Ortsteil von Walchsee, Spielpark, Sommerrodelbahn, Sessellift
www.durchholzen.at

Ebbs
473 m, barocke Pfarrkirche „Zur lieben Frau zu Ebbs", St.-Nikolaus-Kirchlein, Raritätenzoo
www.ebbs.at

Ellmau
820 m, Standseilbahn (Hartkaiser), Pfarrkirche St. Michael
www.ellmau-tirol.at
www.wilderkaiser.info

Going
800 m, Pfarrkirche zum Hl.Kreuz (Rokoko-Kirche, Marienstatue)
www.going.at
www.wilderkaiser.info

Kössen
600 m, barocke Pfarrkirche St. Peter, Wallfahrtskapelle Klobenstein, Bergbahn
www.kaiserwinkl.com

Kufstein
503 m, Festung, Heimatmuseum, Planetarium, Heldenorgel (größte Freiorgel der Welt), Sessellifte
www.kufstein.com

Rettenschöss
600 m, Antoniuskapelle
www.rettenschoess.at
www.kaiserwinkl.com

Scheffau
752 m, Pfarrkirche des Hl. Johannes d.T.; St.-Leonhard-Kapelle in Bärnstatt (Wallfahrtskirchlein)
www.scheffau.net
www.wilderkaiser.info

Schwendt
702 m, Pfarrkirche zum Hl. Ägidius.
www.kaiserwinkl.com

Walchsee
668 m, Pfarrkirche St.Johannes d.T., Badesee, Schwemm.
www.kaiserwinkl.com

Tourismus-Adressen:
www.kaisergebirge.at
www.kaiserreich.info
www.kaiserwinkl.com
www.zahmerkaiser.com
www.wilderkaiser.info

Die Fischbachalm im Kaiserbachtal (links unten) und die Wochenbrunner Alm (oben) sind beide über Mautstraßen mit dem PKW erreichbar.

Hütten und Almen

Ackerlhütte
1465 m, OeAV, Selbstversorgerhütte, Hüttenwart-Tel. 05356/72022

Anton-Karg-Haus
829 m, OeAV, Tel. 05372/62578

Aschinger Alm
986 m, privat, Tel. 05373/43108
www.aschingeralm.at

Brentenjochhütte
1273 m, privat, Tel. 05372/65148

Fischbachalm
840 m, privat, Mautstraße,
Tel. 05352/65526
www.fischbachalm.at

Fritz-Pflaum-Hütte
1865 m, DAV, Selbstversorgerhütte,
Tel. 08033/4179

Gaudeamushütte
1267 m, DAV, Tel. 05358/2262

Griesneralm
1024 m, privat, Mautstraße,
Tel. 05352/64443
www.griesneralm.at

Gruttenhütte
1619 m, DAV, Tel. 05358/2242
www.gruttenhuette.at

Kaindlhütte
1318 m, privat, Tel. 0049/(0)176/23494761
www.kaindlhuette.com

Kaisertalhaus (Hans-Berger-Haus)
936 m, Naturfreunde, Tel. 05372/62575
www.bergsteigerschule.at

Ottenalm
965 m, privat, Tel. 05374/5812
www.ottenalm.at

Stripsenjochhaus
1577 m, OeAV, Tel. 05372/62579
www.stripsenjoch.at

Vorderkaiserfeldenhütte
1384 m, DAV, Tel. 05372/63482
www.vorderkaiserfelden.com

Wandberghütte
1350 m, privat, Tel. 0664/4321770

Wochenbrunner Alm
1085 m, privat, Mautstraße, Tel. 05358/2180
www. wochenbrunn.com

Sehenswürdigkeiten und Ausflugsziele

Hintersteiner See
Auf 883 m Höhe und im Naturschutzgebiet Wilder Kaiser liegt der 56 ha große und bis zu 36 m tiefe Gebirgssee. Er lässt sich in einem etwa 1-stündigen sehr aussichtsreichen Rundgang umwandern, bietet etliche Jausenstationen und für Badefreunde auch ein öffentliches Strandbad an.

Die Schwemm
Die „Schwemm" bei Walchsee ist Nordtirols größte erhaltene Moorlandschaft. Das von Wiesen und Weiden umrandete Moorgebiet umfasst eine Gesamtfläche von ca. 63 ha, davon sind ca. 25 ha Hochmooranteil; der zentrale Teil liegt in 664 m Seehöhe. Neben den typischen Hochmoorpflanzen weist die „Schwemm" Raritäten auf, die in dieser Zusammensetzung in keinem anderen Moor Tirols vorkommen. Auch seltene Kleintierarten haben hier ihren Standort. Durch den Einfluss der landwirtschaftlichen Umgebungsflächen wächst der Schilfgürtel besonders stark. Daher veranstaltet der WWF Österreich jährliche Schilfschneide-Aktionen.

Antoniuskapelle
Die im Jahre 1711 erbaute Antoniuskapelle im mittleren Teil des Kaisertales ist nicht nur ein vielbesuchtes Wanderziel, sondern darüberhinaus eines der beliebtesten Foto- und Kalendermotive des gesamten Kaisergebirges. Das liegt vor allem am Hintergrund, den die eindrucksvollen Nordwände des Wilden Kaisers (Totenkirchl, Hintere Karlsspitze, Drei Halten, Sonneckgrat...) bieten. Auch für viele Maler und Grafiker lieferte die Kapelle und ihre Hintergrundszenerie das künstlerische Motiv.

Raritätenzoo Ebbs
Der Vogel- und Naturliebhaber Erich Eberl erwarb das verwilderte Waldstück am Fuß des Zahmen Kaisers und begann 1978 mit dem Bau der ersten Volieren. Nach jahrelangen Arbeiten konnte der Park im Mai 1991 öffentlich zugänglich gemacht werden. Seit 1997 wird der Zoo wissenschaftlich geleitet, seit 2004 ist er offiziell anerkannt. 2008 erhielt der Raritätenzoo Ebbs die Auszeichnung als Zoo der Kategorie A, laut dem neuen österreichischen Tierschutzgesetz. Die Anlage, auf der heute über 500 Tiere in mehr als 70 verschiedenen Tierarten vertreten sind, wird ständig auf den neuesten Stand gebracht. Zuletzt wurden die Gehege der indischen Zwergotter, der Berberaffen und der Lemuren neu gestaltet.

Freizeitzentrum „Zahmer Kaiser"
Die Sommerrodelbahn in Walchsee Durchholzen bietet Spass für die ganze Familie: 4er Sessellift, Unterführung, 70 m lange Brücke, 10 erhöhte Steilkurven.

Und im Spielpark warten Skydive, Luna-Loop, Nautic Jet, Trampolin und ein Simulator mit verschiedenen Programmen auf Groß und Klein.
Tel. 0043/(0)5374/5286
www.zahmerkaiser.com

KOMPASS INFO

Alpine Auskunftstellen

Deutscher Alpenverein
0049/(0)89/294940
www.alpenverein.de

Österreichischer Alpenverein
0043/(0)512/291600
(Mo–Sa. 13.00–18.00 Uhr)
www.alpenverein.at

Wetterdienst
DAV-Wetterbericht
0049/(0)89/295070
www.alpenverein.de
Deutscher Wetterdienst
0049/(0)1901/1160-11
www.dwd.de
Österreichwetter
0043/(0)0900/911566-80

Bergrettung

Europäischer Notruf (auch vom Handy)	112
Bergrettung in Bayern	19222
Bergrettung in Österreich	140

Bergbahnen

Bergbahnen Kössen
A-6345 Kössen, Thurnbichl 47, Tel. 05375/6226, Fax -/699230, *koessen@skisport.com* *www.bergbahnen-koessen.at*

Liftanlagen Zahmer Kaiser
A-6344 Walchsee, Durchholzen 70, Tel. 05374/5286, Fax -/5203509, *info@zahmerkaiser.com* *www.zahmerkaiser.com*

Hartkaiser/Astberg
A-6352 Ellmau, Tel. 05358/2320, Fax -/225131, *bergbahnen.ellmau@skiwelt.at*

Bergbahn Söll
A-6306 Söll, Tel. 0333/5260, Fax -/526010, *bergbahnen.soell@skiwelt.at*, *www.soell.at*

Kaiserlift Kufstein
A-6330 Kufstein, Obere Sparchen 17, Tel. 05372/62364, Fax -/623641, *www.huber.biz*

Sommerrodelbahn in Durchholzen.

Unsere schönsten Touren

Legende

- Kilometerangabe
- Höhenmeter (Auf- und Abstieg)
- Gehzeit
- Für Kinder geeignet
- Einkehrmöglichkeit
- Bergbahn/Gondel
- Sessellift
- Wichtige Information
- KOMPASS Highlight

Kartenlegende auf den Umschlagklappen

Viele Touren im Zahmen und im Wilden Kaiser sind relativ lang und mit vielen Höhenmeter gespickt – wer sich das nicht zumuten will, hat die Möglichkeit zu übernachten. Vom Stripsenjochhaus lassen sich die Touren im zentralen Teil in kleinere Etappen zerlegen, Grutten- und Gaudeamushütte machen die Gipfeltouren von Süden weniger anstrengend. Und die Vorderkaiserfeldenhütte bietet sich als idealer Stützpunkt für die aussichtsreiche Höhenwanderung über den gesamten Kamm des Zahmen Kaiser an.
Während im Zahmen Kaiser nur die Pyramidenspitze kurze Klettersteigpassagen aufweist (Tour 6 und 9) kommt der „Eisenfreund" im Wilder Kaiser bei mehreren Anstiegen auf seine Kosten: am Widauersteig am Scheffauer, am Eggersteig auf dem Weg zur Steinernen Rinne, auf dem Jubiläumssteig oder dem Gamsängersteig an der Ellmauer Halt.
Wer es lieber ganz gemütlich mag, der sucht sich seine Ziele im Kaiserwinkl rund um den Walchsee und Schwendt.

Schwierigkeitsbewertung

Blau

Hier handelt es sich um gut angelegte Wege ohne echte Gefahrenstellen, die jedermann begehen kann. Das schließt aber kräftige Steigungen nicht aus. Diese Routen sind zudem ausreichend beschildert und markiert. Auch für alpine Anfänger geeignet.

Rot

Diese Wege und Steige verlaufen in hochalpinem Gelände, können also durchaus steil und steinig sein, vielleicht auch einmal durch leicht schrofiges Gelände führen (evtl. Drahtseile), ohne allerdings ernste Gefahrenstellen zu bieten. Ein Mindestmaß an alpiner Erfahrung, etwas Trittsicherheit und festes Schuhwerk sollten nicht fehlen. Auch diese Routen, wie fast alle im Bereich des Führers, sind meist ausreichend beschildert und markiert.

Schwarz

Hier findet man wirklich anspruchsvolle Bergwanderungen in meist felsdurchsetztem Gelände. Es gibt ausgesetzte und gefährliche Stellen, und diese Touren sind in vielen Fällen recht lang, und weisen nicht selten große Höhenunterschiede auf. Kondition, Schwindelfreiheit, Trittsicherheit und Geschicklichkeit sind ebenso notwendig wie Bergstiefel und richtige Ausrüstung. Hier wirken sich die herrschenden Verhältnisse (wie Nässe, Altschneefelder...) bzw. plötzlich auftretende Witterungsveränderungen (wie Nebel, Neuschnee...) besonders deutlich aus. Für Anfänger und Unerfahrene ungeeignet!

1. Naunspitze, 1633 m

Hüttentour mit kleiner Felseinlage

Ausgangspunkt: Kufstein/Eichelwang, 501 m (gebührenpflichtiger Parkplatz direkt beim Eingang zum Kaisertalweg oder 5 Min. entfernt bei Talstation der Sesselbahn Wilder Kaiser) | **Charakter:** Ein steiler Beginn (Treppen) und ein schrofig-felsiges Finale, dazwischen breite Fahrwege und kehrenreiche Bergpfade | **Einkehr:** Veitenhof, Ritzaualm, Vorderkaiserfeldenhütte | **Karte:** KOMPASS Nr. 9, 09 (1:30 000)

Mittel | 10,5 km | 1130 hm / 1130 hm | 5 Std.

Die Naunspitze bietet als Eckpfeiler des Zahmen Kaisers im Westen eine hervorragende Aussicht, sowohl als Tiefblick ins Inntal und die steilen Felsabbrüche auf der Nordseite der Naunspitze wie auch hinüber zu den imposanten Felstürmen des Wilden Kaisers. Die letzten Meter zum Gipfel verlaufen über schrofige Felsen, bieten aber jedem einigermaßen trittsicheren Wanderer die Möglichkeit, diese herrliche Aussichtsplattform zu erreichen.

Beim Einstieg in den Kaisertalweg im Kufsteiner Ortsteil **Eichelwang**, ist auf einer großen Panoramakarte alles aufgeführt, was einen bei dieser Wandertour erwartet.

Über breite Holztreppen geht es anfangs steil hinauf, bis man dann auf dem breiten Talweg weniger anstrengend weiterspaziert. Am **Veitenhof** vorbei erreicht man schließlich die markierte Abzweigung (Naunspitze/Pyramidenspitze), die links in den Wald weist.

Auf gutem, schattigen Weg geht es durch den Wald gleichmäßig hoch, bis man bei der **Ritzaualm** die Hochfläche erreicht und auf breitem Weg nach einigen – zum Schluss wieder steileren – Kehren vor der meist gut besuchten **Vorderkaiserfeldenhütte** steht.

Schon von hier aus kann man eine bemerkenswerte Aussicht genießen.

Direkt hinter der Hütte führt ein gut markierter Pfad in engen Serpentinen durch lichten Wald stetig hinauf zu einem **Sattel**, wo man sich links hält und von dem aus man über leicht schrofig-felsiges Gelände zum bereits sichtbaren **Gipfelkreuz** aufsteigt. Bei schönem Wetter darf man in der Regel diesen Aussichtspunkt mit etlichen Gleichgesinnten teilen,

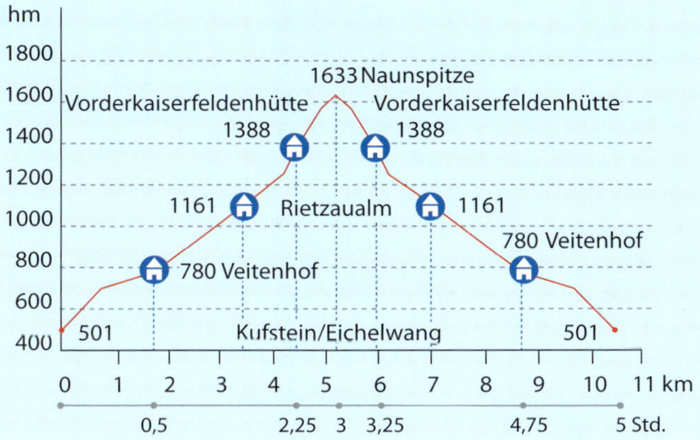

aber der freistehende Gipfel verträgt eine Menge Publikum. Im **Abstieg** wieder zur Vorderkaiserfeldenhütte und auf dem Anstiegsweg zum **Ausgangspunkt** zurück.

Kurz nach der Vorderkaiserfeldenhütte präsentiert sich die Naunspitze.

Mühlbach
Ebbs
Mühlau
Nußlberg
Kohlstatt
Kiefersfelden
Schöffau
Breitenau
Buchberg
Burgberg
Hechtsee
Thierberg
Eichelwang
Kufstein-Nord
Sparchen
Kufstein
Zell
Festung Kufstein
Mitterndorf
Weissach
Glemm
Hörfing
Endach
Zeller Berg
Hochwacht
Kienbergklamm
Duxer Köpfl
Teufelskanzel
Rogerkopf
Tischhofer-höhle
Dickichtkapelle
Duxeralm
Weinbergerhaus (Brentenjochhütte)
Aschenbrennerhaus
Panoramaweg
Adlerweg
Grenzenlos-Wanderweg
Schneerosenweg
Zur Schanz
Blumenwelt Hödner
Riedel Glasmuseum Schaubläserei
Waldkapelle
Hödenauer See
Ludwigs Wasserschilift
Anlegestelle
Freizeit-zentrum
Grüner Graben
START
NSG

Raritäten-
200
Grenzenlos-
wanderweg
Fürst
Rießböck
Hödl
300
Stöger
Ski-und
Touristenheim
734
Kölnberg
Aschinger-
grube
Rodelbahn
Buchberg am
Kaiser
721
St. Nikolaus
St. Nikolaus
587
Reit
670
Café Zacherl
49
967
Aschinger Alm
Schmie
811
300
Eitalbach
A s c h i n g e
Trail
Tirol
Feldberg
538
Heubacher
Hof
506
Plafing
Ebbser Jhtt.
828
Buchberger
Jagdhütte
Jovenal
KK
478
K a i s e r w a l d
811
Ebbser Steig
Egersgrinn
Scheiblingsteinkar
Einserkogel
1924
1890
Jofenspi
Elferkogel
Zwölferkogel
1997
Pyramidenspitze
Naunspitze
1633
1745
Gamsschaukopf
1216
Petersköpfl
Z a h m e r K
Vorderkaiserfeldenhütte
1388
Vord.
-Steingrube
Hint.
2001
Vordere-
-Kesselschneid
Ritzaualm
1161
1241
Zehnerkopf
836
1530
Untere
Hinterkaiserfeldenalm
1480
Ochselweidkar
Gr. Kessel
1995
Hintere-
Hölle
94,811
96,816
Höhenweg
Kegelboden
94
Ramstalalm
811
Kaiserquelle
Höhenweg
Hofinger
Alm
Antoniuskap.
Bödenalm
940
Hinterkaiser
01
N a t u r s c h u t z g
K a i s e r g e b i r
Berghof
Enzian
E4
(alpin)
96,801
932
Hechleitalm
Klaushütte
(Jhtt.)
835
Kerneckhütte
(Jhtt.)
1047
Kaiserbach (Sparchenbach)
A
I
S
E
G a m s b e r g
Längegg
96
801
E4
Jhtt. 751
835
827
821
sbeerkopf
Jägertal
Ansengraben
Straßwalchgraben
Gamskogel
1449
Taxköpfl
821,827
829
Anton-Karg-Haus
(Hinterbärenbad)
96
801
814
Adler-
weg
Brandkogel
1411
Bettlersteig
827
Güttlersteig
821
813
gerbachalm
1140
Steinberghütte
827
1119
Straßwalch-
(Jhtt.)
Grobtal
2040
821
2040
Bettlersteig
Talofen
Kaindlhütte
1293
97
Steinbergalm
Gamskar
Gamskarköpfl
Wiesberg

2. Aschinger Alm – Vorderkaiserfeldenhütte – Naunspitze

Schattiger Waldsteig für heiße Tage

Ausgangspunkt: Aschinger Alm, 967 m (mit Pkw erreichbar, großer Parkplatz) | **Charakter:** Teils steiler Aufstieg im Wald (einige Passagen sind mit Holzstufen versehen, eine kurzes Stück auf einem in den Fels gehauenen Steig ist mit einem Drahtseil gesichert). Bei Nässe nicht empfehlenswert! | **Einkehr:** Aschinger Alm, Berggasthof Kölnberg, Vorderkaiserfeldenhütte | **Karte:** KOMPASS Nr. 9, 09 (1:30 000)

Mittel | 12,5 km | 905 hm / 905 hm | 6,5 Std.

Von der mit dem Auto erreichbaren Ausflugsgaststätte Aschinger Alm zeigt sich die Nordseite des Zahmen Kaisers reicht eindrucksvoll und unzugänglich und es gibt auch neben dem Klettersteiganstieg über das Winkelkar nur noch einen Zugang von dieser Seite, der in einem weiten westlichen Bogen unterhalb der Naunspitze zur Vorderkaiserfeldenhütte hinaufführt.

Von der **Aschinger Alm** geht es auf der Fahrstraße hinab bis zur Abzweigung beim **Gasthof Kölnberg** (links, Richtung Ebbs). Wir folgen dem breiten ansteigenden Weg, der sich zum Pfad verengt in den Wald hinein, steigen in Kehren ein paar Höhenmeter ab, halten uns bei einem Hinweisschild „Aschinger Alm" links und verlieren – zuerst auf einem Fahrweg – nochmals etwas an Höhe bis wir wiederum auf Schilder („Aschinger Alm") stoßen.

Man überquert den Fahrweg und steigt in einer steilen Rinne hoch, hält sich rechts (schlecht einsehbares Schild „Vorderkaiserfelden") und folgt dem Pfad bis man auf einen von großen Felsbrocken gesäumten Platz trifft (verfallene Bank mit einem unter den Fels gestecktes holzgeschnitzes Taferl der Muttergottes mit Kind).

Wenige Meter später führt der Pfad links an den Felsen entlang, ein Drahtseil hilft über den in Stein gehauenen Steig weiter und man erreicht die so genannte „Musikantenrast" (zum Gedenken an Josef Kronbichler steht in einer vergitterten Felsnische ein Kreuz und ein altes Blasinstrument). Nun geht es rasch aufwärts, teilweise auf sehr steilen, mit Holzstufen

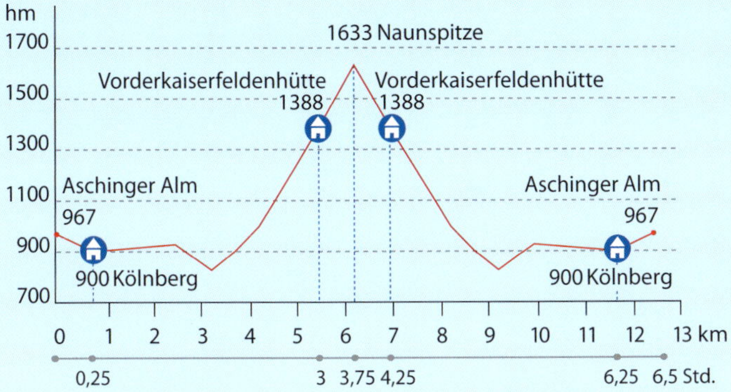

versehenen Serpentinen, bis man schließlich den Wald verlässt und über einen großen Holzbalken die Almwiesen betritt und kurze Zeit später auf den Hüttenweg zur **Vorderkaiserfeldenhütte** trifft. Eine Kehre später hat man dann endlich die Einkehrstätte erreicht.

Nach dem kurzen, aber sehr aussichtsreichen Gipfelbesuch der **Naunspitze** (siehe Tour 1), erholen wir uns in der Vorderkaiserfeldenhütte und stärken uns für den **Rückweg**, der auf der Anstiegsroute verläuft.

Die vielbesuchte Aschinger Alm.

Niederndorf
500
172
KK
Hausern
Sebi
Primau
Sebiwirt
524
Grenzenlos Wanderweg
Tiroler Hof
475
Aue
59
Oberaudorf
Jennbach
Bike Trail Tirol
Point
Wagrain
Nußham
Florianiberg
Floriankp
Oberaudorf Ebbs
OBK-Innstufe
489
Schl.Wagrain
Mühltal
Reisch
607
Anlegestelle
Schwein-berg
Weidach
Tafang
Cafe Reiterheim
Forellenstüberl
Fürst
Rießböck
Gießenbach
50,52
Raritäten-zoo
Ebbsbach
Grenzenlos-wanderweg
Guggenau
Ebbs
475
93
St.Nikolaus
587
St. Nikolaus
721
E45
E60
Strandbad
Ludwigs
Wasserschilift
Kreut-see
Reit
670
Café Zacherl
Anlegestelle
Hödenauer See
811
300
Eitalbach
Freizeit-zentrum
Inn
472
Bike Trail Tirol
Hödenau
Kiefersfelden
506
Feldberg
60
Schröcker
Kiefers-felden
Rain
Au
Plafing
538
Heubacher Hof
506
Ebbser Jh
474
KK
Kaiserwald
Ebbser Steig
811
Oberndorf
52
K.-West
Bike Trail Tirol
Rastanlage K.-Ost
478
Pointer-häusl
478
Naunspitze
1633
Gamsschaukopf
1216
1745
Peters
Kieferer See
482
Schanz
Kiefer
Kläranlage 487
Zur Schanz
KK
175
Schanzer Wände
1241
Zehnerkopf
Ritzaualm
1161
Vorderkaiserfelde
1388
836
94,811
Hölle
Lahnkopf
Blumenwelt Hödner
Grenzenlos Wanderweg
Rogerkopf
1204
1138
Rogeralm
96,816
Kegelboden
94
Eichelwang
Ramstalalm
Teufelskanzel
802
Schottergrube
Hofinger Alm
Antoniuskap.
Bödenalm
940
01
Weinstadl
01
E4
(alpin)
Veitenhof
801
801
Hinterkaiser
E4
(alpin)
Theaterhütte
Tischhofer-höhle
709
Pfandlhof
783
Berghof Enzian
Kaiserbach (Sparchenbach)
501
K A I
310
Dickichtkapelle
Gamsberg
778
Duxer Köpfl
Vorderdux
Hinterduxer Hof
1000
Jägertal
KUFSTEIN
499
Duxeralm
897
310
Moosbeerkopf
1183
Kienbach
Adler
Gamskogel

0 500 m

Osenthal
Leitacker
Imbiss Waldheim
Fuchsanger 578
Aufing
Ober-
Miesberg
Miesberg
Außerbichl
957
968
Steindl
Klein-
Mitter- moosen
Sattler
Schnapfl
Bichl
Oed 670
Lamplh
Aschentaler B.
Staudinger Bach
Asching
Lederer
656
Außerfelden
Sonnleiten
Wildauer- hof
Seetal
691
Brandauer-Hof
Alpenhof
Amberg
Schopf
Wolfing
Durchholzen
Sommer- Rodelbahn
Hochberg
792
Hochbergweg
Aschinger- grube
Stöger Ski-und Touristenheim
734
Kölnberg
Schmiedereralm
START
967
Aschinger Alm
1012
Zahmer Kaiser
Aschingeralm
Buchberger Jagdhütte
Jovenalm
Heuberg
1603
928
Großpoitneralm
1493
Jöchl (Heubergsattel)
Hageralm
Jöchalm
Egersgrinn
Scheiblingsteinkar
1890
Jofenspitze
Einserkogel
1924
Elferkogel
Winkelalm
Zwölferkogel
1997
Pyramidenspitze
Zahmer Kaiser
1764
2001
Winkelkar
Vord. Steingrube
Hint.
Vordere Kesselschneid
1970
Untere Hinterkaiserfeldenalm
1480
Ochselweidkar
Gr. Kessel
1995
Hintere
Rosskaiser
1040
Kleinmoosenalm
1383
Schnapfl
Kaiserquelle
Höhenweg
Bärentaler Wände
Hochalm 1403
Naturschutzgebiet Kaisergebirge
Höhenweg
Feldalm 1302
932
Hechleitalm
Kerneckhütte (Jhtt.) 1047
Ropanzen 1572
Tristecken 1710
Klaushütte (Jhtt.)
Feldalmer Graben
1433
1627 Wiesensa
Feldalmsattel
Längegg
1402
Jhtt. 751
E4
1807
Stripsenkopf

3. Petersköpfl, 1745 m

Hüttentour mit Gipfelausflug

Ausgangspunkt: Kufstein/Eichelwang, 501 m (gebührenpflichtiger Parkplatz beim Eingang zum Kaisertalweg oder 5 Min. entfernt bei Talstation der Sesselbahn Wilder Kaiser) | **Charakter:** Wanderwege und Bergpfade; Abstieg vom Petersköpfl etwas felsig. Bei Nässe nicht zu empfehlen | **Einkehr:** Veitenhof, Ritzaualm, Vorderkaiserfeldenhütte | **Karte:** KOMPASS Nr. 9, 09 (1:30 000)

Mittel | 12 km | 1250 hm / 1250 hm | 5, 25 Std.

Alternativ zur felsigen Naunspitze lässt sich von der Vorderkaiserfeldenhütte auch das leichtere Petersköpfl besteigen, ein wesentlich weniger ausgeprägter Gipfel, dessen Gipfelbesuch man aber, wenn man nicht auf dem Anstiegsweg absteigt, mit einer kleinen Rundtour verbinden kann, die schattige Waldsteige und sonnige Almwege in ihrem Repertoire aufweist. Der Anstieg von **Kufstein/Eichelwang** über den Kaisertalweg bis zur **Vorderkaiserfeldenhütte** ist bei Tour 1 beschrieben.

Hinter der Hütte folgen wir dem Pfad Richtung Naunspitze, der uns in steilen Kehren schnell höherbringt. Im **Sattel** erreichen wir die Verzweigung, die links zur Naunspitze weist und rechts Richtung Pyramidenspitze. Zunächst fast eben dahin, dann eine halbe Stunde stetig aufwärts durch halbhohen Latschenwuchs, bis ein Schild rechts ab zum **Petersköpfl** zeigt. Dessen Gipfelkreuz wird nur wenige Schritte später sichtbar und ist auch bald erreicht. Herrlicher Blick hinüber zum Wilden Kaiser und zum Stripsenjochhaus.

Vom Gipfel führt eine steilere Rinne in südlicher Richtung hinab in eine Senke. Es folgt wiederum eine Art steinerner Rinne – links und rechts dicht mit Latschen bewachsen – die uns schnell nach unten zu einer zweiten Senke bringt. Nun führt der schmale Pfad in steilen

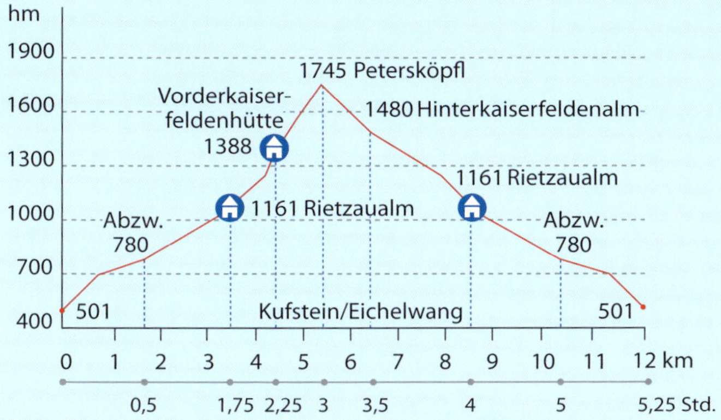

Serpentinen, aber angenehm schattig, zuerst weiter durch Wald, dann über Almwiesen hinab zu einer Weggabelung bei der **Hinterkaiserfeldenalm**.

Unser Weiterweg ist nach rechts ausgeschildert und leicht absteigend wandern wir in Richtung **Vorderkaiserfeldenhütte** hinüber. Knapp unterhalb der Hütte treffen wir auf den Hüttenweg, halten uns links, passieren die **Ritzaualm** und folgen dem gut markierten Pfad durch den Wald hinunter zum breiten Kaisertalweg, der uns dann schließlich wieder zurück zum **Ausgangspunkt** bringt.

Rast bei der Ritzaualm (Bild unten) mit der kleinen Josefs-Kapelle (Bild links).

Mühlbacher Berg
Sensenschmiede
Mühlbach
Wiesen
Schwein-berg
Weidach
Gießenbach
Gfall-Stausee
Eder
Gfallermühle
Reschmühlbach
Unter-
Haidach
Guggenau
Ebbs
475
Höhenweg
-Köln
Ober-
Blaik
Strandbad
Burgstall
Ludwigs Wasserschilift
Kreutsee
93
E45
E60
Anlegestelle
Nußlberg
882
868
Klause
587
Ried
522
Hödenauer See
Freizeitzentrum
Laiming
Hödenau
472
Inn
Baumgarten
Schöffauer Siedlung
Kohlstatt
Kiefersfelden
506
Bichl
Schöffau
Gach
Schröcker
Rain
Kiefersfelden
60
Au
Windhag
Wachtelbahn
Kurzenwirt
Buchberg
641
Obern
Bike Trail Tirol
Burgberg
Egelsee
K.-West
Rastanlage K.-Ost
Pointerhäusl
Hechtsee
Hechtsee
(544)
Hechtsee 554
Guggberg
Sonneck
478
Kieferer See
482
Schanz
Kiefer
Kläranlage 487
Zur Schanz
KK
175
THIERBERG
Aigen
Aschau
Blumenwelt Hödner
Lahn
Längsee
Lehenhof
727
Eichelwang
Grenzenlos Wanderweg
Rogerkopf
1138
Ruine Thierberg
Kufstein-Nord
2
Neuhaus
Teufelskanzel
Schottergrube
802
Hohenstaffing
Weinstadl
01
E4
Veitenhof
Untere
490
START
Gschwend
Theaterhütte
Tischhoferhöhle
709
Pfandlhof
SPARCHEN
501
495
310
Dickichtkapelle
Obere
778
Duxer Köpfl
Hinterduxer Hof
ZELL
494
Grenzland-Stadion
Vorderdux
Bhf.
KUFSTEIN
Duxeralm 897
499
Kienbergklamm
Kleinholz
Festung Kufstein
Kienbach
Adlerweg 2,814
597
Zeller Berg
555
Kienbergklamm
698
Waldkapelle
1272
Brentenjoch
Weinbergerhaus (Brentenjochhütte)
MITTERNDORF
Riedel Glasmuseum Schaubläserei
Pfaffengraben
Aschenbrennerhaus 1135
Panoramaweg
489
658
Hochwacht
Kalkgraben
Baumar
WEISSACH
1143
Schneerosenweg
Endach
Hörfing

0 500 m

Durchholzen
Buchberg am Kaiser
Feldberg
Naunspitze
Pyramidenspitze
Zahmer Ka
Naturschutzge
Kaisergebirg
Vorderkaiserfeldenhütte
Ritzaualm
Hinterkaiser
Hechleitalm
Gamskogel
Taxköpfl
Brandkogel
Anton-Karg-Haus (Hinterbärenbad)

4. Pyramidenspitze, 1997 m

Aussichtsreiche Gipfeltour

Ausgangspunkt: Kufstein/Eichelwang, 501 m (gebührenpflichtiger Parkplatz beim Eingang zum Kaisertalweg oder 5 Min. entfernt bei Talstation der Sesselbahn Wilder Kaiser) | **Charakter:** Lange, aber abwechslungsreiche Tour über fast den gesamten Gipfelkamm des Zahmen Kaiser | **Einkehr:** Veitenhof, Ritzaualm, Vorderkaiserfeldenhütte | **Karte:** KOMPASS Nr. 9, 09 (1:30 000)

Mittel | 16 km | 1580 hm / 1580 hm | 7,25 Std.

Wem diese Tour von Kufstein aus zu lang ist, der kann sie natürlich auch mit einer Übernachtung in der Vorderkaiserfeldenhütte (und in Kombination mit einer Besteigung der Naunspitze) abkürzen bzw. auf zwei Tage verteilen.

Nach dem langen Anstieg von Kufstein/Eichelwang zur **Vorderkaiserfeldenhütte** steigen wir – nicht ohne uns ausreichend mit Flüssigkeit zu versorgen – wie bei Tour 3 hinter der Hütte zum Sattel zwischen Naunspitze und Peterskopfl auf, halten uns rechts, passieren das Peterskopfl (Abstecher zum Gipfel 5 Min.) und wandern nun stets auf dem Hochplateau in Richtung des bereits sichtbaren Gipfelkreuzes der Pyramidenspitze.

In leichtem Auf und Ab überquert man den **Einserkogel**, lässt die Abzweigung zur Hinterkaiserfeldenalm (über die Steingrube) rechts liegen, steigt über den **Zwölferkogel** beim markierten „Vogelbad“ eine kurze Steilstufe ab (Drahtseil und Holzleiter), ignoriert den sichtbaren, aber aufgelassenen Weg links hinab durchs Egergrinn und steigt aus der Senke wieder an – über den **Elferkogel** –, um etwa 0,5 Std. später am hölzernen Gipfelkreuz der **Pyramidenspitze** zu rasten.

Beim **Abstieg** zuerst auf dem Anstiegsweg zurück zum „Vogelbad“ und dann links, teilweise recht steil durch eine felsige, latschendurchsetze Rinne hinab in die Steingrube. Unser Pfad führt uns unmittelbar an die recht imposanten Felswände der Steingrabenschneid heran und schlängelt sich dann die Schuttreisen querend wieder in den Latschenwald hinüber.

Von hier aus eröffnet sich ein schöner Blick ins Inntal. Der meist schattenlose Weg bringt uns schließlich zur **Hinterkaiserfeldenhütte** und – den Abzweig rechts zum Peterskopfl passierend

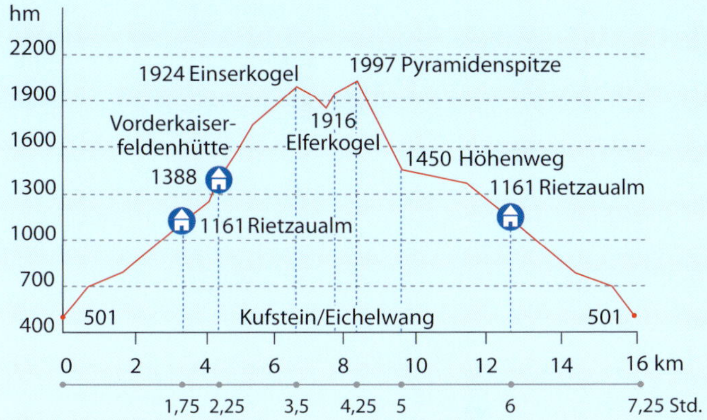

– wieder zurück zum Hüttenweg der **Vorderkaiserfeldenhütte**. Kurz unterhalb der Hütte folgen wir – falls wir keine Einkehr mehr beabsichtigen – nach links dem Fahrweg und kehren auf dem Anstiegsweg nach **Kufstein** zurück.

Kurze Steilstufe im sonst eher beschaulichen Kammverlauf des Zahmen Kaisers.

Grafenburg
Sensenschmiede
Mühlbach
Gfall-Stausee
Gfaller-mühle
Höhenweg
Nußlberg
Klause
Schweinberg
Wiesen
Gießenbach
Guggenau
Haidach
Blaik
Burgstall
Strandbad
Kreutsee
Ludwigs Wasserschilift
Hödenauer See
Ried
Laiming
Hödenau
Kiefersfelden
506
Schöffauer Siedlung
Kohlstatt
Schröcker
Rain
Kiefersfelden
Au
Gach
Kurzenwirt
Buchberg
641
Egelsee
Burgberg
Hechtsee
Hechtsee (544)
Hechtsee 554
Guggiberg
Sonneck
K.-West
Bike Trail Tirol
Rastanlage K.-Ost
Kieferer See
Kiefer
Kläranlage 487
Aigen
Aschau
Ruine Thierberg
Kufstein-Nord
Neuhaus
Zur Schanz
Blumenwelt Hödner
Eichelwang
Schottergrube
Weinstadl
START
Untere
490
SPARCHEN
Theaterhütte
Tischhofer-höhle
709
Veitenhof
Obere
Duxer Köpfl
Vorderdux
Hinterduxer Hof
KUFSTEIN
499
Kienbergklamm
Kienbach
Grenzland Stadion
Festung Kufstein
555
Kienbergklamm
698
Waldkapelle
MITTERNDORF
Riedel Glasmuseum Schaubläserei
658
Hochwacht
WEISSACH
Plattengraben
Kalkgraben
Mitterndorfer B.
Aschenbrennerhaus 1135
Weinbergerhaus (Brentenjochhütte)
1272
Duxeralm 897
Adlerweg 2,814
Brentenjoch
Brentenjochalm
Panoramaweg
Egerbachalm 1140
Baumannalm
1143
Dickichtkapelle
Moosbeerkopf 1183
Pfandlhof 783
Berghof Enzian
Hofinger-Alm
Teufelskanzel
802
Rogerkopf 1138
Rogeralm
Lahnkopf
1204
Zehnerkopf
1241
Schanzer Wände
Grenzenlos-Wanderweg
Schanz
482
Pointerhäusl
478
Oberndorf
474
Plafing
Bike Trail Tirol
Freizeitzentrum
Anlegestelle
Ebbs
475
Ebbsbach
Tafang
Weidach
Anlegestelle
Grenzenlos-wanderweg
Schl.Wagrain
St.Nikolaus
Inn
E45
E60
93
60
175
KK

0 500 m

Mühltal
Reisch
607
Cafe Reiterheim
Fürst
Rießböck
Winkl
Hödl
Stöger Ski-und Touristenheim
734
300
Schopf
43
Wolfing
Durchholzen
Brandauer Hof
Alpenhof
691
Kölnberg
Aschinger-grube
Sommer-Rodelbahn
45
Buchberg am Kaiser
721
St. Nikolaus
Reit
670 Café Zacherl
49
Schmiedereralm
967 Aschinger Alm
1012 Zahmer Kaiser
816
Eitalbach
811
Aschingeralm
Buchberger Jagdhütte
Jovenalm
Ebbser Jhtt.
828
Ebbser Steig
Einserkogel
1924
Elferkogel
Scheiblingsteinkar
1890
Jofenspitze
Winkelalm
Naunspitze
1633
1745
Petersköpfl
Zwölferkogel
1997
Pyramidenspitze
Zahmer Kaiser
Vorderkaiserfeldenhütte
1388
Vord. Steingrube
Hint.
2001
Vordere-Kesselschneid
Winkelkar
Ritzaualm
1161
836
1530
Untere Hinterkaiserfeldenalm
1480
1970
1995
Hintere-
Hölle
94,811
Höhenweg
Kegelboden
Ramstalalm
Kaiserquelle
92,811
Bödenalm
940
Hinterkaiser
01
E4
Naturschutzgebiet Kaisergebirge
Bärentaler Wände
Sparchenbach
Hechleitalm
932
Kerneckhütte (Jhtt.)
1047
Ropanzer
1572
Klaushütte (Jhtt.)
Feldalmer Graben
Längegg
1402
Jhtt. 751
801
827
835
Gamskogel
1449
Taxköpfl
821,827
829
Anton-Karg-Haus (Hinterbärenbad)
Hans-Berger-Haus (Kaisertalhaus)
936
Jagabründl
Straßwalchgraben
Brandkogel
1411
Steinberghütte
Bettlersteig
Güttlersteig
1119
Straßwalch-
813

5. Zahmer-Kaiser-Rundtour aus dem Kaisertal

Kombination von Höhenweg und Talwanderung

Ausgangspunkt: Kufstein/Eichelwang, 501 m (gebührenpflichtiger Parkplatz beim Eingang zum Kaisertalweg oder 5 Min. entfernt bei Talstation der Sesselbahn Wilder Kaiser). **Charakter:** Sehr lange, aber technisch unschwierige Tour, die bei Bedarf in der Vorderkaiserfeldenhütte oder in Hinterbärenbad unterbrochen werden kann | **Einkehr:** Rietzaualm, Vorderkaiserfeldenhütte, Anton-Karg-Haus | **Karten:** KOMPASS Nr. 9, 09 (1:30 000)

Mittel | 20 km | 1580 hm / 1580 hm | 8,25 Std.

Die unter Tour 4 beschriebene Plateauwanderung entlang des Gipfelkamms des Zahmen Kaisers lässt sich noch verlängern, wenn man den Abstieg über Hinterbärenbad wählt und durch das Kaisertal zurück nach Kufstein wandert. Ein langer Weg, der aber unterwegs zwei Hütten zur Übernachtung anbietet, und dem Wanderer alle Möglichkeiten offen lässt.

Von **Kufstein** aus, wandern wir über die Veitenalm zum ersten Etappenziel: der **Vorderkaiserfeldenhütte**.

Von dort folgen wir der Beschilderung auf das **Petersköpfl** und dann in leichtem Auf und Ab dem aussichtsreichen Plateauweg bis zur **Pyramidenspitze**, dem Kulminationspunkt dreier Anstiegswege, wo uns zudem eine eindrucksvolle Panoramasicht erwartet.

Beim **Abstieg** halten wir uns an den markierten Pfad Richtung Süden in eine Senke hinab. Von hier aus können ganz Unentwegte nochmals etwas ansteigen und einen kurzen Abstecher zum höchsten Punkt des Zahmen Kaisers unternehmen, zur Vorderen Kesselschneid (2001 m).

Unser Abstiegsweg führt uns recht steil hinab ins Ochsenweidkar, vorbei an den Wegabzweigungen des Höhenwegs 811, dem Verbindungsweg zwischen Vorderkaiserfeldenhütte und Stripsenjochhaus, und gelangt schließlich zur Abzweigung via Hinterbärenbad/ Hans-Berger-Haus.

Der Steig führt nun relativ steil und schmal durch den Wald hinab (bei Nässe ziemlich unangenehm) zu einer Brücke, und mit einer kleinen Gegensteigung ge-

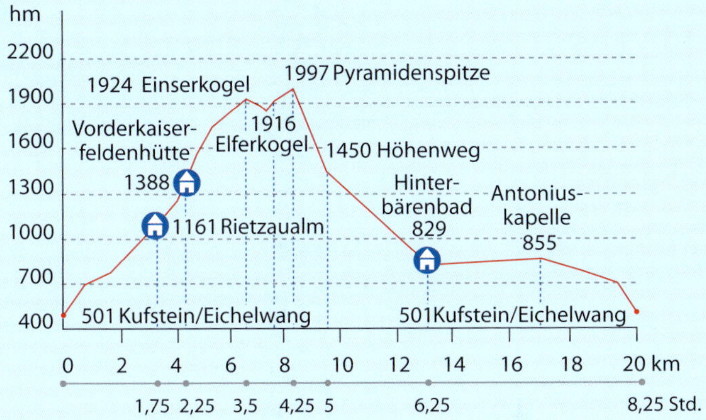

langt man hinab nach **Hinterbärenbad**.

Über den Kaisertalweg wandert man recht gemütlich – und wenn man noch Zeit und Lust hat mit einem Abstecher über die bekannte Antoniuskapelle – zum **Ausgangspunkt** zurück.

Vom Pendling aus kann man die Südseite des Zahmen Kaisers, über die unsere große Rundtour verläuft, gut einsehen.

KOMPASS

0 500 m

Buchberg am Kaiser
Café Zacherl
Ski- und Touristenheim
Kolnberg
Aschinger Alm
Schmiedereralm
Zahmer Kaiser
Aschingeralm
Buchberger Jagdhütte
Jovenalm
Ebbser Jhtt. 828
Großpoitn
Ebbser Steig
Einserkogel 1924
Elferkogel
Jofenspitze
Winkelalm
Naunspitze
Petersköpfl
Zwölferkogel
Pyramidenspitze
Zahmer Kaiser
Vorderkaiserfeldenhütte 1388
Vord.-Steingrube
Hint.
Untere Hinterkaiserfeldenalm 1480
Vordere-Kesselschneid
Hintere
Winkelkar
Höhenweg
Kegelboden
Bödenalm 940
Kaiserquelle
Bärentaler Wände
Naturschutzgebiet Kaisergebirge
Hechleitalm
Klaushütte (Jhtt.)
Kerneckhütte (Jhtt.) 1047
Ropanzen 1572
Feldalmer Graben
Längegg
Jhtt. 751
Anton-Karg-Haus (Hinterbärenbad)
Hans-Berger-Haus (Kaisertalhaus)
Jagabründl
Taxköpfl
Brandkogel 1411
Straßwalchgraben
Bettlersteig
Güttlersteig
Straßwalch-(Jhtt.) 1119
Totensessel 1746
Kleines Halt 2116
Gamskarköpfl
Wiesberg
Sonneck
Scharlinger Boden
Ellmauer

6. Pyramidenspitze, 1997 m

Die Klettersteigvariante im Zahmen Kaiser

Ausgangspunkt: Durchholzen, 700 m (am Ortsende Richtung Walchsee bei Linkskurve rechts hoch zu ausgeschildertem Wanderparkplatz) | **Charakter:** Der im oberen Bereich teilweise gesicherte Steig führt durch eine imposante Felsszenerie, verlangt aber sauberes Steigen, um Steinschlag für die Nachfolgenden zu vermeiden! Bergerfahrung und entsprechende Ausrüstung notwendig | **Einkehr:** Unterwegs keine Möglichkeit | **Karte:** KOMPASS Nr. 9, 09 (1:30 000)

Schwer | 11 km | 1300 hm 1300 hm | 6 Std.

Der Zustieg von Norden zur Pyramidenspitze über das Winkelkar erweist sich als eine sehr abwechslungsreiche, im oberen Teil auch als eine ausgesprochen alpine Tour, denn was als angenehme, nur leicht ansteigende Almwanderung beginnt, entwickelt sich nach beschwerlichem Mittelteil zu einem kurzen, aber schönen Klettersteiganstieg.

Vom **Parkplatz** folgt man dem gesperrten asphaltierten Sträßchen leicht bergan in den Talkessel hinein, passiert eine Weidesperre und folgt dem zuerst gekiesten Weg bis zur **Großpoitneralm**. Der breite Weg endet und führt als schmaler Pfad weiter in den Wald hinein und schließlich – kurz nach der Abzweigung zum Heuberg (siehe Wandertour 8) – zur unbewirtschafteten **Winkelalm**. Auf gut sichtbarem Weg geht es von der Hütte weg auf vielen Serpentinen ins Kar hoch, meist auf der rechten Seite. Man glaubt kaum, dass es in diesem Talkessel überhaupt einen Durchstieg nach oben gibt.

Wiederum rechtshaltend gelangt man – kehrenreich und recht beschwerlich – über Schotterhänge zum Beginn der Felsen.

Hier finden sich die ersten Drahtseilsicherungen. Eine steile, aber an den notwendigen Stellen gut gesicherte Rinne empor bis zu einem kleinen Sattel (schöner Aussichtspunkt mit Tiefblick ins Kar und bisherigen Anstiegsweg).

Nun weiter nach links hoch (Drahtseile) bis zum eigentlichen Kamm. Imposanter Tiefblick ins gegenüberliegende Kaisertal; links oben ist bereits das Gipfelkreuz der Pyramidenspitze sichtbar. Zuvor ist aber noch ein turmartiger Vorgipfel zu überwinden. Erst hält man

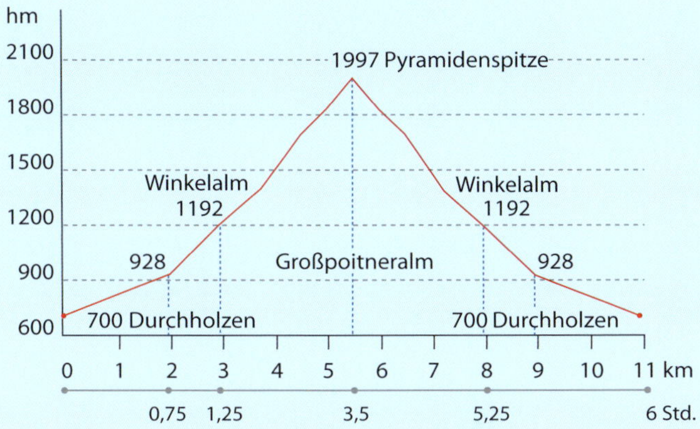

sich rechts, steigt an Drahtseilen hoch, übersteigt den Turm und kommt an die Schlüsselstelle: eine ca. 5 m hohe senkrechte Stelle, die mit Metallklammern und Drahtseil gut gesichert ist und mühelos überwunden werden kann. Zuletzt noch ein kurzer, steiler Aufschwung und man hat endlich den Gipfel der **Pyramidenspitze** erreicht.

Der **Rückweg** verläuft über den Anstiegsweg; bei der Schlüsselstelle ist im Abstieg Vorsicht angesagt!

Im Gipfelbereich der Pyramidenspitze gilt es vorsichtig auf- und abzusteigen.

KOMPASS

0 500 m

START
Durchholzen
Brandauer Hof
Alpenhof
Sommer-Rodelbahn
Hochberg
Hochbergweg
Schmiedereralm
Zahmer Kaiser
Aschingeralm
Jovenalm
Großpoitneralm
Heuberg
Jöchl (Heubergsattel)
Hageralm
Jochalm
Winkelalm
Jofenspitze
Pyramidenspitze
Zahmer Kaiser
Vordere Kesselschneid
Hintere
Winkelkar
Rosskaiser
Kleinmoosenalm
Schnapflgrabenalm
Hochalm
Feldalm
Tristecken
Ropanzen
Feldalmsattel
Wiesensattel
Naturschutzgebiet Kaisergebirge
Kerneckhütte
Längegg
Walchsee
Camping Seespitze
Lamplhof
Schick
Miesberg
Sonnleiten
Wildauerhof
Seetal
Kölnberg
Aschinger Alm
Fuchsanger
Osenthal
Wolfing
Schopf
Aschingergrube
Einserkogel
Elferkogel
Zwölferkogel
Höhenweg
Bärentaler Wände
Feldalmer Graben
Amberg
Bichl
Oed
Gwirchtalm
Wolfingeralm
Habersauer Alm
Kaiserquelle
Antoniuskapelle
Aufing
Lindrain
Oberlindrain
Außerbichl
Steindl
Klein-Mittermoosen
Sattler
Schnapfl
Außerfelden

7. Winkelalm – Jofenalm, 1300 m – Aschinger Alm

Stille Almrundwanderung

Ausgangspunkt: Durchholzen, 700 m (am Ortsende Richtung Walchsee bei Linkskurve rechts hoch zu einem ausgeschildertem Wanderparkplatz) | **Charakter:** Steilere Waldpassagen nach der Jofenalm, sonst schöne Wege und Pfade in aussichtsreichem Ambiente | **Einkehr:** Aschinger Alm | **Karte:** KOMPASS Nr. 9, 09 (1:30 000)

Mittel | 8 km | 650 hm 650 hm | 4,5 Std.

Keine spektakuläre Gipfeltour, aber eine schöne Rundwanderung mit herrlichen Aus- und Einsichten in die Nordseite des hier gar nicht so „zahm" wirkenden Zahmen Kaisers.

Farbenprächtige Natur am Wege.

Vom **Wanderparkplatz** am südlichen Ortsende von Durchholzen wandern wir auf dem (gesperrten) Fahrweg in den vor uns liegenden Talkessel hinein. Wir passieren die Jager-Ried-Hütte, anschließend die **Großpoitneralm** und stoßen auf dem schmäler werdenden Waldweg, kurz bevor wir die unbewirtschaftete Winkelalm erreichen, auf die Wegverzweigung Winkelkar/Heuberg. Hier biegen wir nach rechts ab, zuerst leicht fallend, dann wieder ansteigend erreichen wir über schöne blumenreiche Almwiesen die **Jofenalm**, die zur aussichtsreichen Rast einlädt.

Der Weiterweg führt nun recht steil auf einem schmalen kehrenreichen Pfad durch den Wald hi-

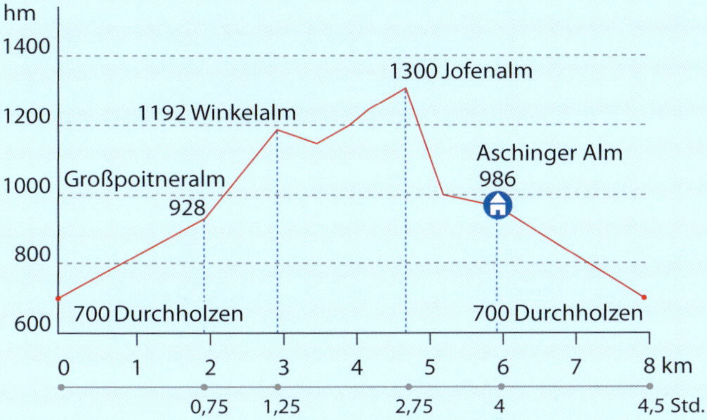

nab bis in eine breite Senke. Man hält sich bei den Wegverzweigungen stets links und gelangt so über Wiesen zum Fahrweg, der uns zur **Aschinger Alm** hinüber leitet. Dieses steile Zwischenstück ist bei Nässe nicht zu empfehlen.

Wenige Meter hinter dem Parkplatz weist uns ein Schild (Ötzlift/Sessellift) den Weg, etwas später – bei der Wegteilung – halten wir uns geradeaus Richtung Durchholzen, passieren die Rodelbahn-Station und folgen dem Weg, der uns unter der Rodelbahn und dem Sessellift hindurchführt und uns wieder zum **Ausgangspunkt** zurückbringt.

Ein vielfältiges und gut markiertes Wanderangebot erwartet uns.

KOMPASS

0 500 m

Walchsee
(655)
Schick
Brunner
Ried
Kranzach
Miesberg
Außerbichl
Klein-
Mitter-
moosen
Sattler
Wildauerhof
Camping
Seespitze
See-
mühle
Ess-
baum
Dürchen
Mozart-
Radweg
Kaiserwin
Radwand
Lamplhof
Schnapfl
Bichl
Oed
670
Terrassen-
Camping
Südsee
Amberg
Hochberg
Hochbergweg
START
Aigen
674
744
Lippenalm
Schwarzen-
bachalm
(Sommer)
Ebersberg
1164
Raineralm
872
Gachenalm
Gwirchtalm
Heuberg
1603
Wolfingeralm
1228
Steffalm
865
Großpoitneralm
928
Jöchl
(Heubergsattel)
1493
Hagerelm
Jöchalm
Winkelalm
Habersauer
Almen
915
Unterlenzenkaralm
Kogelalm
(verf.)
Oberlenzenkaralm
Zasserlkögerl
1298
Scheibenkogel
1614
Rosskaiser
1764
1970
Weißwandthütte
(Jhtt.)
Kleinmoosenalm
1383
1040
Schnapflgrabenalm
Ob. Kohlalm
1280
Kohlalm
1194
1556
Kohllahnerkopf
1513
Kohllahnersattel
Hochalm
1403
Höhenweg
Feldalm
1302
1813
Feldberg
Scheibenbühelberg
1575
Obere
Scheibenbichlalm
1511
Ropanzen
1572
Tristecken
1710
Vordere
Ranggenalm
Jhtt.
1226
Hintere
Ranggenalm
1284
1433
Feldalmsattel
1627
Wiesensattel
Fischbachalm
856
1807
R G E

8. Heuberg, 1603 m

Aussichtswanderung

Ausgangspunkt: Durchholzen, 700 m (am Ortsende Richtung Walchsee bei Linkskurve rechts hoch zu ausgeschildertem Wanderparkplatz) | **Charakter:** Problemlose, meist schattige Wege und Pfade | **Einkehr:** Jöchlalm, evtl. Gwirchtalm | **Karte:** KOMPASS Nr. 9, 09 (1:30 000)

Leicht | 10 km | 900 hm 900 hm | 4,5 Std.

Nur ganz knapp schafft er die 1600-Meter-Marke und so bleibt der östlichste Ausläufer des Zahmen Kaisers der Kleinste unter den generell schon bescheidenen Gipfelgrößen. Er macht dies aber wett durch seine leichte Erreichbarkeit, einen überwiegend schattigen Anstiegsweg, der auch an heißesten Tagen die Besteigung dieser schönen Aussichtskanzel zu einem Wandervergnügen macht. Der Walchsee liegt einem zu Füßen und der Blick ins Winkelkar zeigt dem Betrachter die etwas „wildere" Seite des Zahmen Kaisers.

Vom **Parkplatz** am Dorfende von Durchholzen wandern wir auf dem gesperrten Sträßchen in den Talkessel hinein, das sich als Kies- dann als Feldweg fortsetzt, passieren die Jager-Ried-Hütte, die Großpoitneralm und – kurz bevor wir die unbewirtschaftete Winkelalm erreichen – stoßen wir auf die beschilderte Wegverzweigung Winkelkar/Heuberg, wo wir uns links halten.

Durch den schattigen Wald steigen wir gemächlich höher und erreichen schließlich die während der Sommersaison bewirtschaftete **Jöchlalm**. Der Weiterweg führt hoch zum Kamm, der den Heuberg mit dem Zahmen Kaiser verbindet und wir gelangen zu den Wiesen des **Jöchls** unterhalb des Heuberggipfels.

Bei der dort befindlichen Wegteilung, rechts zweigt der Verbindungsweg zum Stripsenjochhaus über die Hochalm ab, halten wir uns links und steigen in nördlicher Richtung über die grasige Schulter zum **höchsten Punkt** hinauf.

Alternativ zum Anstiegsweg können wir, nachdem wir zum Jöchl zurückgekehrt sind, über die Hageralm und die Wolfingeralm nach Osten absteigen. Wir verlassen den Fahrweg zur Gwirchtalm (es sei denn, wir wollen der dortigen Jausenstation einen Besuch abstatten) kurz hinter der Wolfingeralm und folgen den Markierungen des

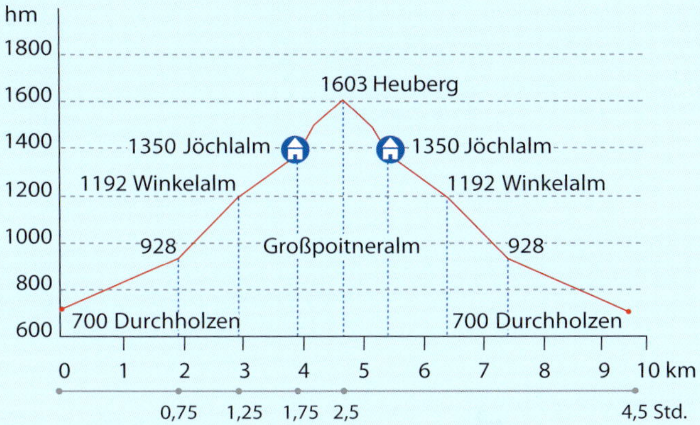

Pfades, der uns abkürzend, immer mal wieder die Straße querend in den Erzbachgraben hinabführt. Am Ende des Waldes treffen wir wieder auf den Fahrweg, der uns – über einen kleinen Gegenanstieg – wieder zum Ausgangspunkt und zum **Parkplatz** zurückführt.

Die Südseite des Heubergs über die der Anstiegsweg verläuft, vom Feldbergkamm aus gesehen.

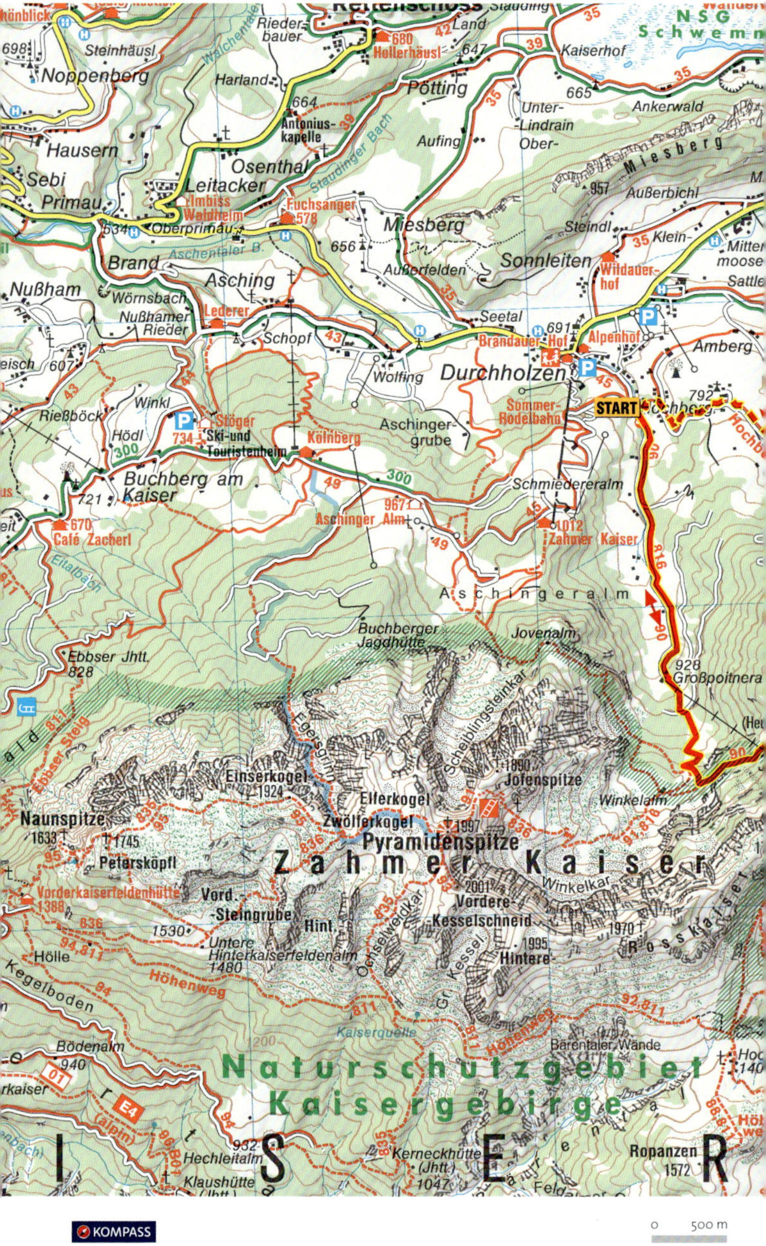
Noppenberg
Steinhäusl
Hausern
Sebi
Primau
Osenthal
Leitacker
Imbiss Waldheim
Oberprimau
Fuchsanger 578
Antonius-kapelle
Riederbauer
Harland
680 Hollerhäusl
Land
Pötting
Aufing
Kaiserhof
Ankerwald
Unter-Lindrain
Ober-
Miesberg
957
Außerbichl
Steindl
Klein-
Mittermoose
Sattle
Sonnleiten
Wildauerhof
Außerfelden
656
Brand
Asching
Nußham
Wörnsbach
Nußhamer Rieder
Lederer
Schopf
Wolfing
Seetal
691
Brandauer-Hof
Alpenhof
Amberg
Durchholzen
START
792
Sommer-Rodelbahn
Rießböck
Winkl
Hödl
Stöger
734
Ski-und Touristenheim
Kölnberg
Aschinger-grube
Schmiedereralm
Buchberg am Kaiser
721
670 Café Zacherl
967
Aschinger Alm
1012 Zahmer Kaiser
Eitalbach
Aschingeralm
Buchberger Jagdhütte
Jovenalm
928 Großpoitnera
Ebbser Jhtt. 828
Ebbser Steig
Einserkogel 1924
Elferkogel
Zwölferkogel
1997
Pyramidenspitze
1890 Jofenspitze
Winkelalm
Scheiblingsteinkar
Naunspitze 1633
1745
Petersköpfl
Zahmer Kaiser
Vorderkaiserfeldenhütte 1388
Vord. Steingrube
Hint.
2001 Vordere Kesselschneid
Winkelkar
1530
1970
Rosskaiser
Hölle
Untere Hinterkaiserfeldenalm 1480
Öchselweidkar
Gr. Kessel
1995 Hintere
Kegelboden
Höhenweg
Kaiserquelle
Bärentaler Wände
Bödenalm 940
Naturschutzgebiet Kaisergebirge
932 Hechleitalm
Klaushütte
Kerneckhütte (Jhtt.) 1047
Ropanzen 1572
NSG Schwemm
KOMPASS
0 500 m

Walchsee
Walchsee
(655)
Hausberg
951
Kugelwand
Funpark
Dorf
Waldheim
Seehotel Brunner
Seeresidenz
Hot. Panorama Josefshöhe
Ried
Kranzach
Weißenbach
Hochau
Hallbruck
Bike Trail Tirol
Riedl
Schick
Camping Seespitze
Seemühle
Essbaum
Dürchen
Mozart-Radweg
Kaiserwinkl-Radwanderweg
Traxl
Grub
Schwarzenba
Aucken
Oberbichl
Gasteig
Ilach
Lamplhof
Bichl
Oed
670
Terrassen-Camping Südsee
Aigen
674
744
Holzen
756
Hechenb
Gagern
Lippenalm
961
Schwarzenbachalm (Sommer)
1094
Ebersberg
1164
Gagesalm
Niglgrubenalm
Mitterstättal
Ampferbodenalm
Brandalm
Gruberalm
1023
Raineralm
872
Gachenalm
Gwirchtalm
Unterbichlalm
Oberleinalm
Boaralm
1019
Stefflalm
865
Wolfingeralm
1228
Habersauer Almen
915
Unterlenzenkaralm
Kogel
1332
Kogelalm (verf.)
Oberlenzenkaralm
Zasserlkögerl
1298
Scheibenkogel
1614
Reitstättalm
Jodleralm
922
Entfeldalm
Weißwandthütte (Jhtt.)
1040
Schnapflgrabenalm
Kohlalm
1194
Ob. Kohlalm
1280
Kohlalmbach
Kohlalmtal
1556 Kohllahnerkopf
1513 Kohllahnersattel
1575
Obere Scheibenbichlalm
1470
Schneebichl
Scheibenbühelberg
1511
Unt. Scheibenbichlalm
1280
Feldalm
1302
1813
Feldberg
Tristecken
Vordere Ranggenalm
1226
G E B

9. Zahmer-Kaiser-Rundtour von Norden

Alm-, Klettersteig-, Kamm- und Waldtour

Ausgangspunkt: Aschinger Alm, 967 m (mit Pkw erreichbar, großer Parkplatz) | **Charakter:** Abwechslungsreiche, aber anstrengende und lange Tour. Der Klettersteig im Winkelkar verlangt Bergerfahrung und entsprechende Ausrüstung, der Abstieg zur Aschinger Alm ist bei Nässe nicht zu empfehlen! | **Einkehr:** Aschinger Alm, Vorderkaiserfeldenhütte, Berggasthof Kölnberg. **Karte:** KOMPASS Nr. 9, 09 (1:30 000)

Schwer | 16,5 km | 1400 hm / 1400 hm | 9 Std.

Diese lange Rundtour, die den Zahmen Kaiser von Norden her erschließt, sollten nur konditionsstarke und erfahrene Berggeher anpacken. Allerdings erwartet ihn dann eine abwechslungsreiche und beeindruckende Tour, die alles aufbietet, was das Wandererherz höher schlagen lässt: Klettersteigpassagen, aussichtsreiche Höhen- und Kammwege, Gipfel, Hütten und schattige Waldsteige.

Vom Parkplatz der **Aschinger Alm** folgen wir erst dem Fahrweg, dann, immer rechtshaltend, dem markierten steilen Steig zur **Jofenalm**. Von dort bringt uns der Pfad wieder hinunter zur unbewirtschafteten **Winkelalm**.

In steilen, teilweise mühsamen Serpentinen steigen wir ins Winkelkar hinauf, halten uns rechts an die Felsen und erreichen dort die ersten Drahtseilsicherungen. Über mehrere steile, aber an den wichtigen Stellen ausreichend gesicherte Passagen gelangen wir auf den Gratsattel, der uns einen berauschenden Tiefblick ins gegenüberliegende Kaisertal gestattet. Hier stehen wir auch vor der Schlüsselstelle, einem mit Metallklammern und Drahtseilen versehenen senkrechten Felsaufschwung, der sich aber müheloser als gedacht überwinden lässt. Wenig später steht man am bereits sichtbaren Gipfelkreuz der **Pyramidenspitze** und kann von der breiten Gipfelfläche die imposante Rundumschau in die angrenzende nähere und weitere Bergwelt genießen.

Der Weiterweg führt zuerst leicht hinab, dann folgt die mit einer Holzleiter bestückte „Vogelbad"-Stelle (rechts Hinweisschild auf den aufgelassenen Egersgrinn-

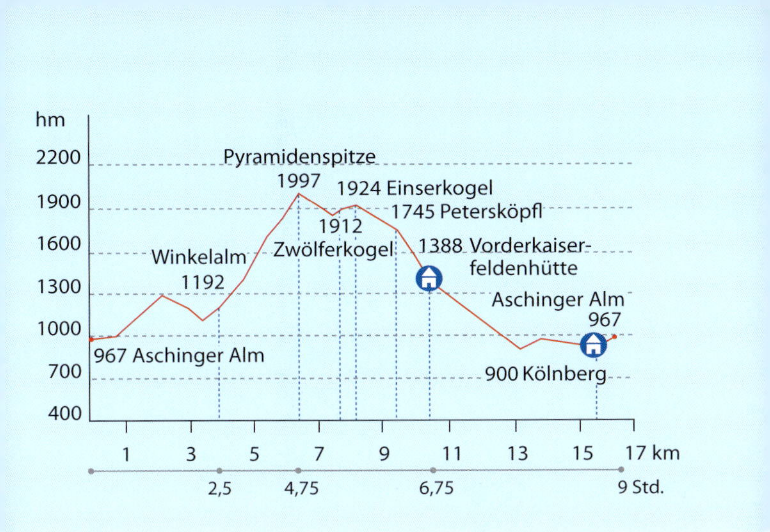

steig) und wenig später die Verzweigung Plateauweg/Steingrube. Wir folgen dem Auf und Ab des latschenbewachsenen, aber stets aussichtsreichen Plateauwegs bis zur Abzweigung zum **Petersköpfl**, das versteckt hinter Latschen liegt und dem wir in nur 5 Min. einen Besuch abstatten können.

Anschließend zurück zur Abzweigung und dann stetig bergab bis zum Sattel, wo der Weg zur Naunspitze nach rechts abzweigt. Wir halten uns links und steigen weiter in engen Kehren hinunter zur **Vorderkaiserfeldenhütte**.

Auf der Straße, eine Kehre unterhalb der Hütte, zweigt rechts der markierte Weg nach Ebbs/Durchholzen ab. Zuerst über Waldwiesen leitet der Pfad dann durch schattigen Wald in teilweise recht steilen Kehren hinab. Vielfach sind Holzstufen angebracht, die den Abstieg erleichtern. Über eine leichte Gegensteigung erreicht man die „Musikantenrast" und wieder an den Felsen entlang stößt man auf einen in den Fels gehauenen Pfad (Drahtseilsicherung an etwas ausgesetzter Stelle), der uns zu einer mit einer Muttergottesstatue geschmückte Raststelle führt. Weiter hinab und über einen leichten Gegenanstieg erreichen wir die Waldgrenze und wandern auf breitem Weg zum Berggasthof Kölnberg hinüber und kurz auf der Fahrstraße zur **Aschinger Alm** hinauf.

Der felsige Teil dieser langen Tour.

Höhenberg
638
Attenmoos
Grenzenlos Wanderweg
Niederndorf
500
172
KK
Hausern
Sebi
Primau
Leitack
Imbiss Waldheim
Oberprimau
534
Tiroler Hof
475
Aue
Sebiwirt
524
Jennbach
Bike Trail Tirol
Brand
Aschentaler
Point
Nußham
Wörnsbach
Nußhamer Rieder
Wagrain
Oberaudorf Ebbs
OBK-Innstufe
489
Anlegestelle
Weidach
Schl.Wagrain
Mühltal
Reisch
607
Tafang
Cafe Reiterheim
Forellenstüberl
Fürst
Rießböck
Winkl
Hödl
734
Ski-und
Barräten-zoo
Grenzenlos-wanderweg
Ebbsbach
Ebbs
475
300
Buchberg am Kaiser
93
E45
E60
St.Nikolaus
St. Nikolaus
587
721
Reit
670
Café Zacherl
Anlegestelle
Freizeit-zentrum
472
811
Eiblbach
Bike Trail Tirol
Feldberg
506
60
Kiefersfelden
Rain
Au
Plafing
538
Heubacher Hof
506
Ebbser Jhtt.
Ebbser Steig
Kaiserwald
474
KK
Oberndorf
K.-West
Bike Trail Tirol
Rastanlage K.-Ost
478
Pointer-häusl
478
Kieferer See
Gamsschaukopf
1218
Naunspitze
1633
1745
Peterköpfl
Vorderkaiserfeldenhütte
1388
482
Schanz
Zur Schanz
KK
175
Ritzaualm
1161
1241
Zehnerkopf
Schanzer Wände
836
1530
Blumenwelt Hödner
Lahnkopf
Rogerkopf
1204
1138
Rogeralm
Hölle
Kegelboden
Höhenweg
Grenzenlos Wanderweg
Teufelskanzel
802
Ramstalalm
Hofinger-Alm
Antoniuskap.
Bödenalm
940
Hinterkaiser
Kaiser
E4
(alpin)
Veitenhof
801
Berghof Enzian
Pfandlhof
783
709
Tischhofer-höhle
Kaiserbach (Sparchenbach)
Hechleitalm
Klaushütte (Jhtt.)
Dickichtkapelle
Hinterduxer Hof
Duxeralm
Moosbeerkopf
Gamsberg
KAI
0 500 m
KOMPASS

Pötting
Unter-
Lindrain
Ober-
Aufing
Ankerwald
Steinbruch
Walchsee
Schick
Miesberg
Miesberg
Außerbichl
Miesberg
Sonnleiten
Außerfelden
Steindl
Klein-
Mitter-
moosen
Wildauer-
hof
Sattler
Schnapfl
Camping
Seespitze
Walchsee
(655)
Lamplhof
Bichl
Oed
670
Terrassen-
Camping
Südsee
Seetal
Brandauer-Hof
Alpenhof
Amberg
Wolfing
Durchholzen
Sommer-
Rodelbahn
Hochberg
Hochbergweg
Kölnberg
Aschinger-
grube
START
Schmiedereralm
Aschinger Alm
Zahmer Kaiser
Aschingeralm
Ebersb
Gwirchtalm
Buchberger
Jagdhütte
Jovenalm
Heuberg
1603
Wolfingeralm
Großpoitneralm
Jöchl
(Heubergsattel)
Hageralm
Habersauer
Almen
Scheiblingsteinkar
Jofenspitze
Elferkogel
Zwölferkogel
Pyramidenspitze
Winkelalm
Jöchalm
Zahmer Kaiser
Winkelkar
Vordere-
Kesselschneid
Hintere-
Rosskaiser
Ochselweidkar
Gr. Kessel
Kleinmoosenalm
Schnapflgrabenalm
Kaiserquelle
Höhenweg
Bärentaler Wände
Hochalm
Kohllahnerkopf
Kohllahnersattel
Naturschutzgebiet
Kaisergebirge
Feldalm
Feldberg
Kerneckhütte
(Jhtt.)
Ropanzen
Tristecken
Feldalmer Graben
Feldalmsattel
Hintere
Ranggenalm
Wiesensattel
Längegg
Weißenbach
Erzbach
Staudinger Bach

10. Horauer Spitze, 1117 m

Pfiffiger Kurztrip am Walchsee

Ausgangspunkt: Walchsee, 668 m (großer Parkplatz am östlichen Ortsende) | **Charakter:** Nette, schattenreiche Höhenwanderung auf gut Pfaden und Forstwegen. Nur bei Nässe unangenehm **Einkehr:** Horaualm, Hotel Panorama | **Karte:** KOMPASS Nr. 9, 09 (1:30 000)

Mittel | 9 km | 650 hm / 650 hm | 3,75 Std.

Entgegen früheren Beschreibungen in diversen Wanderführern, die diese Tour als schwierig und nur für Geübte einstuften, ist die Höhenwanderung über die Horauspitze durchaus allen trittsicheren Berggehern zu empfehlen.

Gegenüber dem Hotel Bellevue in **Walchsee** sehen wir eine Tafel, die sämtliche Wanderwege auflistet, darunter auch den Weg Nr. 49 zum Hausberg, den wir einschlagen. Wir halten uns bei der nächsten Verzweigung rechts, passieren die drei großen Kreuze (rechts oberhalb) und folgen unserer Markierung nun links hoch in den Wald hinein. Auf gut angelegten Treppenstufen gewinnt man rasch an Höhe (Bänke laden immer wieder zum Rasten ein). Man trifft auf einen Forstweg, der sich langsam zum Pfad verengt und nun wesentlich steiler ansteigt (bei Nässe kann es hier recht matschig sein!). Man überschreitet zwei kleine Erhebungen (mit Ausblicken zum Wandberg hinüber) bis es deutlich abwärts geht und man eine Art Sattel erreicht. Hier sieht man auch zum ersten Mal steile Felsabstürze auf der linken Seite und ab jetzt hat man auch freien Blick nach rechts, zum Walchsee hinunter.

Der Weiterweg steigt wieder an zur **Horauspitze**, die rundum einen freien Blick gewährt. Auf steil angelegten Stufen bringt uns der Abstiegsweg hinunter zum Horausattel, wo wir ein eisernes Drehkreuz passieren. Links führt der Weg steil hinab zur sichtbaren Ottenalm, rechts unten liegt ebenfalls bereits sichtbar die **Horaualm**.

Von der Horaualm weg folgt man dem Fahrweg – rote Markierungen, die unterwegs in den Wald weisen, sollte man ignorieren, ebenso die rechts abgehenden Wege: Sackgassen!), bis man schließlich nach einer leichten Steigung an ein Schild gelangt, das die Abzweigung nach Walch-

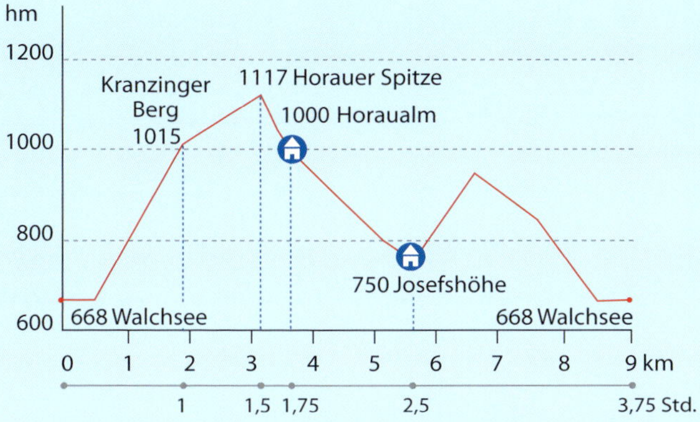

see/Josefshöhe (Nr. 48) anzeigt. Zuerst geht es auf Stufen relativ steil hinab, über einen Bach hinüber und zu den beiden **Josefskapellen**, die versteckt am Wegesrand stehen. Kurz darauf erreicht man das **Hotel Panorama**, wo man rechts abweicht und dem steilen, anfangs asphaltierten Weg am Hotel vorbei nach oben folgt.

Nach kurzem Anstieg geht es wieder leicht bergab und bald trifft man im Wald auf den Anstiegsweg, steigt über Treppen hinab zu den schon erwähnten drei Kreuzen und weiter auf dem bekannten Weg hinunter nach **Walchsee**.

Die im Wald versteckte Josefskapelle.

Wirtsalpkopf
Grenzhuberalm (verf.)
Wirtsalm (verf.) 1309
1244
1220
Hochkopfl 1539
Hintere-
Abendpoit
Vordere-
1272
Wandberg
1454
Rettenbachalm
1350 Wandberghütte
Burgeralm
Wandbergalm 1318
Lochneralm
1418
Westnerau
1239
Karspitze
Lochalm
Melchbichl
1150 Harlander Alm
Stofflalm
Gradlalm
Kahlenrieder Bach
Kohlenriedalm
Lochner Horn
1448
1229
Aufinger Alm 1030
Brennkopf
1353
Schöne Aussicht 1050
Karalm
Brennköpfl
1255
Lochner-Wssf.
Hitscheralm
1067 Bründlingalm
828
Halbwart
Kitzbichl
Oberberg
Fuchsgrub 719
Greidern
1066
Angering
Marschbach
Winkl
687
Maurach
Meierried
Schwaigs
667
Mozart-Radweg
Kranzinger
1015
Stauding
Moarwirt
Grenzenlos Wanderweg
NSG Schwemm
Ramsbach
Waldheim
Hausberg
Land
647
Kaiserhof
Dorf
Funpark
Kugelwand
951
Pötting
665
Ankerwald
Steinbruch
Walchsee
Seehotel Brunner
Unter-Lindrain
Ober-
Schick
START
Aufing
968
Miesberg
658
Seemühle
957
Außerbichl
Miesberg
Camping Seespitze
Essbaum
Miesberg
Steindl
Walchsee (655)
Klein-
Mittermoosen
Sonnleiten
Wildauerhof
Außerfelden
Sattler
Lampihof
Schnapfl
Seetal
691
Bichl
Oed 670
Brandauer Hof
Alpenhof
Amberg
Terrassen-Camping Südsee
Durchholzen
Sommer-Rodelbahn
792
Hochberg
Hochbergweg
961 Lippenalm
Aschingergrube
Schmiedereralm
Erzbach
Ebersberg 1164
1012 Zahmer Kaiser
Gwirchtalm
Aschingeralm

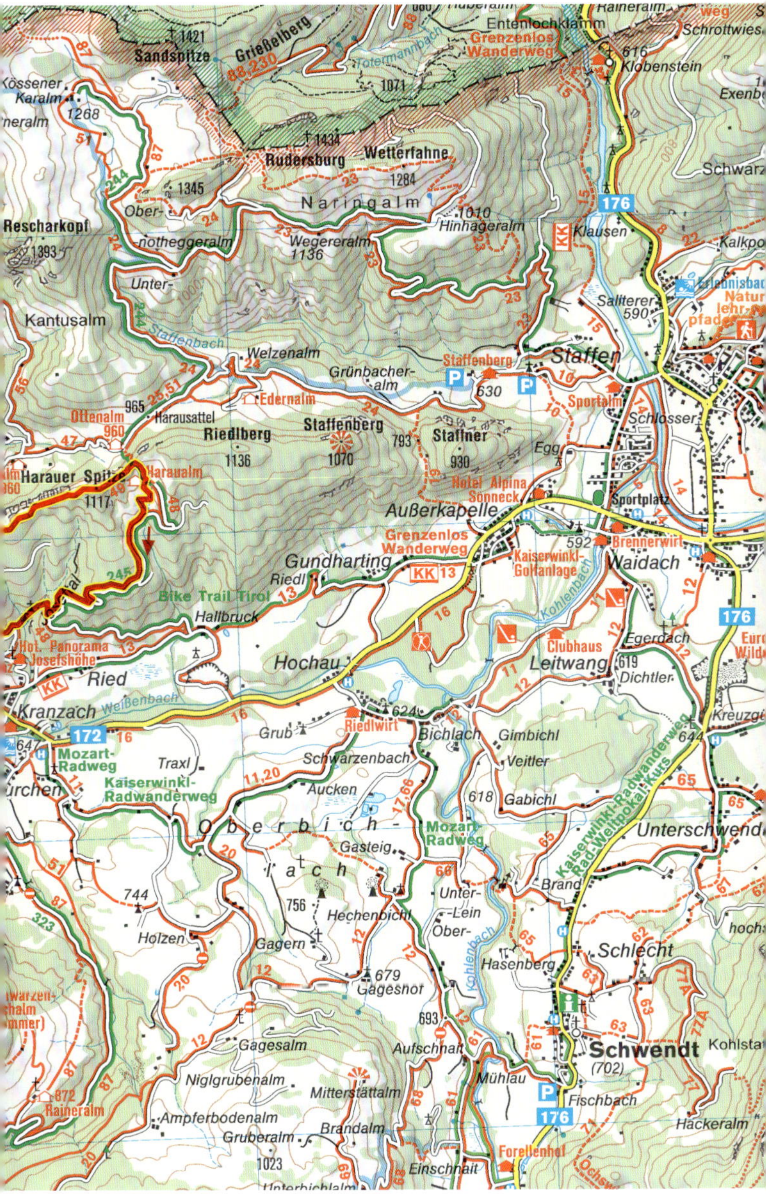

Sandspitze
1421
Grießelberg
88,230
Entenlochklamm
Grenzenlos Wanderweg
Raineralm
Schrottwies
616
Klobenstein
Exenb
Kössener Karalm
1268
Totermannbach
1071
1434
Rudersburg
Wetterfahne
1284
Schwarz
1345
Naringalm
1010
Hinhageralm
176
Rescharkopf
1393
Ober-notheggeralm
Wegereralm
1136
Klausen
Kalkpo
Unter-
Erlebnisbad
Natur lehr-pfad
Salitterer
590
Kantusalm
Staffenbach
Welzenalm
Grünbacher-alm
Staffenberg
630
Staffen
Ottenalm
960
965
Harausattel
Edernalm
Sportalm
Schlosser
Riedlberg
1136
Staffenberg
1070
793
Staffner
930
Egg
Harauer Spitze
1117
Haraualm
Hotel Alpina Sonneck
Sportplatz
Außerkapelle
592
Brennerwirt
Waidach
Grenzenlos Wanderweg
Kaiserwinkl-Golfanlage
Gundharting
Riedl
KK 13
Kohlenbach
Bike Trail Tirol
Hallbruck
Egerdach
Hot. Panorama Josefshöhe
Clubhaus
Hochau
Leitwang
619
Dichtler
Ried
Weißenbach
Kranzach
624
Bichlach
Gimbichl
Kreuzg
172
647
Grub
Riedlwirt
644
Mozart-Radweg
Traxl
Schwarzenbach
Veitler
Kaiserwinkl-Radwanderweg
Aucken
618
Gabichl
Oberbichlach
Gasteig
Mozart-Radweg
Unterschwend
Kaiserwinkl-Radwanderweg
Rad-Weltpokal-Kurs
Brand
744
756
Hechenbichl
Unter-Lein
Ober-
Holzen
Gagern
Schlecht
Hasenberg
679
Gagesnot
693
Gagesalm
Aufschnait
Schwendt
(702)
Kohlstat
Niglgrubenalm
Mühlau
Mitterstättalm
Fischbach
872
Raineralm
Ampferbodenalm
176
Brandalm
Gruberalm
Hackeralm
1023
Forellenhof
Einschnait

11. Ottenalm – Horauer Spitze

Abwechslungsreiche Tal- und Kammwanderung

Ausgangspunkt: Walchsee, 668 m (großer Parkplatz am östlichen Ortsende) | **Charakter:** Zuerst breiter Fahrweg, dann teilweise steile Waldpfad und Steig (bei Nässe ist der Weg über die Horauer Spitze nicht zu empfehlen!) | **Einkehr:** Jausenstation Riederalm, Ottenalm (evtl. Abstecher zur Horaualm) | **Karte:** KOMPASS Nr. 9, 09 (1:30 000)

Mittel | 7,75 km | 450 hm / 450 hm | 3,25 Std.

Diese Wanderung lässt sich selbstverständlich in beide Richtungen durchführen, aber wer die Mittagshitze lieber im Schatten verbringen will, der wandert zuerst den gemütlichen Teil bis zur Ottenalm und nimmt den anstrengenderen Rückweg über den schattigen Höhenzug der Horauer Spitze. Bei Nässe ist dieser Waldsteig allerdings rutschig und unangenehm und nicht zu empfehlen.

Vom **Parkplatz** gegenüber dem See wandern wir durch den Ort, vorbei am Gebäude der Mustersennerei und halten uns rechts in Richtung Sportplatz. Auch dort gibt es etliche Parkplatzmöglichkeiten, besonders bei Mountainbiker ein beliebter Start- und Zielplatz des Kaiserwinkl-Radwanderwegs.

Reichlich Schilder erwarten uns bei einer Wegverzweigung am Ortsende von Walchsee: zum Geigelstein, zur Priener Hütte, zur Otten-, Welzen- und Edernalm. Wir folgen dem breiten Weg, passieren die Jausenstation Riederalm, halten uns bei einer weiteren Wegteilung rechts und wandern gemütlich in etwa 45 Minuten zur **Ottenalm**.

Ein kurzes, aber steiles Wegstück bringt uns durch den Wald schnell auf den Sattel hoch, wo uns bei einem eisernen Drehkreuz wiederum ein kurze, aber steile Passage rechts zur Horauspitze hinaufleitet. Geradeaus, wenige Meter tiefer ist die Horaualm zu sehen, der wir ebenfalls einen Besuch abstatten können.

Die Stufen, die zur **Horauspitze** hinaufführen treiben unseren Pulsschlag wieder etwas in die Höhe, bis man die aussichtsreiche Kuppe erreicht hat. Von hier aus lässt sich auch der Walchsee zum ersten Mal sehen. Auf gut sichtbarer Spur – ab nun fast ausschließlich im Schatten – geht es zuerst wieder leicht bergab. Rechts tauchen felsige Abstürze auf, hier ge-

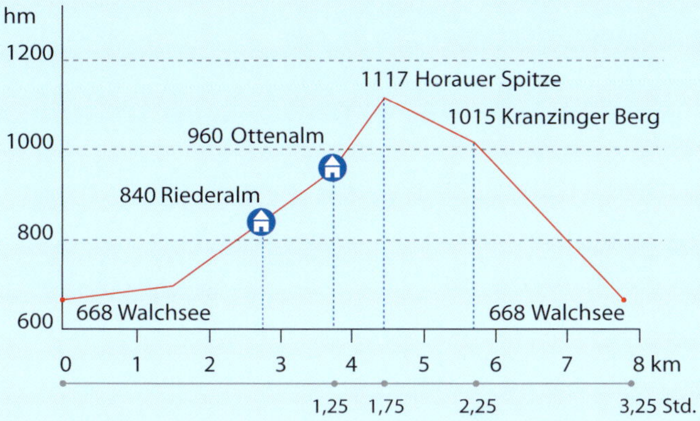

nießt man auch einen schönen Ausblick zum Wandberg und in Richtung Geigelstein/Breitenstein. Wieder aufwärts und nun meist ohne Aussicht folgen wir dem Waldpfad, der allmählich steiler bergab führt und sich zum Weg, schließlich zur Forststraße weitet. Nun achten wir auf die Markierungen, die uns bei mehreren Wegteilungen über den Hausberg, vorbei an den drei großen Holzkreuzen, wieder hinunter nach **Walchsee** bringen.

Schmuckes Haus in Walchsee.

Wirtsalpkopf
Grenzhuberalm (verf.)
Wirtsalm (verf.) 1309
1244
1220
1272
Wandberg
1454
1539
Hintere-
Abendpoit
Vordere-
Rettenbachalm
1350 Wandberghütte
Bürgeralm
Wandbergalm 1318
Lochalm
Lochneralm
1418
Westnerau
1239
Karspitze
Wildbichler Alm
1150 Harlander Alm
Melchbichl
Stofflalm
Gradlalm
Mannerstätter Ried
Kohlenriedalm
Lochner H
1448
1229
Aufinger Alm 1030
Brennkopf
1353
Kahlenrieder Bach
Schöne Aussicht 1050
Karalm
Feistenau
Brennköpfl
1255
Hitscheralm
1067 Bründlingalm
Lochner-Wssf.
Halbwa
Chiemkogel
1066
Greidern
Kitzbichl
Oberberg
Fuchsgrub 719
Schwaigs
667
Mozart-Radweg
Marschbach
Maurach
Winkl
687
Angeri
Meier-ried
Rettenschöss
Stauding
Moarwirt
Grenzenlos Wanderweg
Ramsbach
Kra
Land
NSG Schwemm
Waldheim
Hausberg
680 Hollerhäusl
647
Kaiserhof
Dorf
Kugelwand
951
Pötting
665
Ankerwald
Steinbruch
Walchsee
Seehof
Unter-Lindrain
Ober-
Schick
START
Aufing
968
Miesberg
658
Miesberg
957
Außerbichl
Camping Seespitze
Miesberg
656
Steindl
Klein-
Mitter-moosen
Walchsee (655)
Außerfelden
Sonnleiten
Wildauerhof
Sattler
Lamplhof
Schnapfl
Seetal
691
Bichl
Oed 670
Brandauer Hof
Alpenhof
Terrassen-Camping Südsee
Wolfing
Durchholzen
Amberg
792
Hochberg
Sommer-Rodelbahn
Aschinger-grube
961 Lippenalm
Hochbergweg
Ebersberg
1164
Schmiedereralm
Erzbach
967
Aschinger Alm
1012 Zahmer Kaiser
Gwirchtalm
Aschingeralm
Buchberger Jagdhütte
Jovenalm

0 500 m

Karkopf
1510
Sandspitze
1421
Grießelberg
88,230
Totermannbach
Entenlochklamm
Grenzenlos Wanderweg
616
Klobenstein
Kössener Karalm
1268
1232
Baumgartneralm
1071
1434
Rudersburg
Wetterfahne
1284
1345
Naringalm
Ober-
-notheggeralm
Rescharkopf
1393
Wegereralm
1136
1010
Hinhageralm
176
Klausen
Unter-
Kantusalm
Staffenbach
Saliterer
590
Ramsbach
Welzenalm
Grünbacher-
alm
Staffenberg
630
Staffen
Edernalm
Sportalm
965
Harausattel
Ottenalm
960
Riedlberg
1136
Staffenberg
1070
793
Staffner
930
Schlosser
Egg
Harauer Spitze
1117
Riederalm
960
Harauaalm
Hotel Alpina Sonneck
Außerkapelle
Sportplatz
Grenzenlos Wanderweg
592
Brennerwirt
Kaiserwinkl-Golfanlage
Waidach
Gundharting
KK 13
Riedl
Bike Trail Tirol
Josefstal
Kohlenbach
Hallbruck
Clubhaus
Egerdach
Hot. Panorama Josefshöhe
Seeresidenz
Hochau
Leitwang
619
Dichtler
KK
Ried
Kranzach
Weißenbach
624
Riedlwirt
172
647
Grub
Bichlach
Gimbichl
Schwarzenbach
Veitler
Traxl
Mozart-Radweg
Kaiserwinkl-Radwanderweg
Kaiserwinkl-Radwanderweg
Rad-Weltpokal-Kurs
Durchen
Aucken
618
Gabichl
Oberbichlach
Mozart Radweg
Unterschwendt
Gasteig
674
Aigen
Brand
744
756
Hechenbichl
Unter-
Lein
Ober-
Holzen
Gagern
Schlecht
Hasenberg
679
Cagcohof
1094
Schwarzenbachalm (Sommer)
693
Gagesalm
Aufschnait
Schwendt
(702)
Niglgrubenalm
Mitterstättalm
Mühlau
872
Raineralm
Fischbach
Ampferbodenalm
Brandalm
176
Gruberalm
1023
Einschnait
Forellenhof
Unterbichlalm
Ochswies

12. Wandberg, 1454 m

Bequemer Aussichtsspaziergang

Ausgangspunkt: Gasthaus Schöne Aussicht, 1029 (10 Min. Gehzeit unterhalb 2 große Parkplätze) | **Charakter:** Breite Forstwege und bequeme Wanderpfade | **Einkehr:** Gasthaus Schöne Aussicht, evtl. Wandberghaus | **Karte:** KOMPASS Nr. 9, 09 (1:30 000)

Leicht | 6 km | 425 hm 425 hm | 2,25 Std.

Einen Großteil des Anstiegsweges zum Wandberg darf man sich oft mit Mountainbikern teilen, denn er ist identisch mit einer beliebten Radroute zur Wandberghütte bzw. weiter zur Priener Hütte. Wer am letzten Gebäude bei der Schönen Aussicht den Automaten bei der Schranke mit Geld füttert, kann gar mit dem Auto auf der Privatstraße bis zum Wandberghaus hochfahren.

Wir folgen vom **Gasthaus** weg – das seinem Namen mit einer beeindruckenden Kaiser-Aussicht alle Ehre macht – der Asphaltstraße, die nach ca. 1 km in eine Schotterstraße übergeht und abwechselnd durch schattige Wald- und sonnige Hangpassagen verläuft. Schon kurz nach dem Start kann man rechts oben das Gipfelkreuz des Wandbergs erkennen. Wir passieren die Abzweigungen zur Staudinger Alm, zur Karspitze und zur Wildbichler Alm (jeweils links) und bleiben stets auf dem breiten Fahrweg bis zur Verzweigung, wo der Wandberg von beiden Seiten umrundet werden kann. Der Radweg zum Wandberghaus führt links herum, der Wanderweg ist rechts ausgeschildert. Leicht ansteigend geht es in den Wald hinein, dann tritt man wieder ins Freie (mit imposantem Blick auf den Wilden und Zahmen Kaiser). Links geht es markiert zum Wandberg, geradeaus ist der Weg zum Wandberghaus beschildert. Auf einem ausgetretenen Pfad steigt man in weiten Serpentinen hoch, meist das Gipfelkreuz im Blick. In einem Sattel, wenig unterhalb des Gipfels trifft man auf ein Almgebäude, hinter dem man sich links hoch zum **höchsten Punkt** wendet. Rechts führt der Weg zum sichtbaren Wandberghaus hinüber.

Die Gipfel-Rundumschau ist tatsächlich beeindruckend, ob zum nahen Geigelstein oder zum Kaiser hinüber, ob zu den Chiemgauer Bergen oder der entfernten Glocknergruppe.

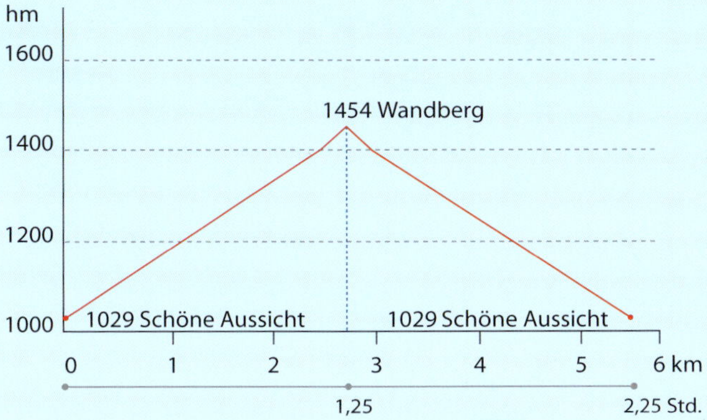

Alternativ zum Anstiegsweg können wir beim **Rückmarsch** auch die nördliche (Radweg-)Variante wählen, vielleicht nach einem Abstecher zum nur 0,25 Std. entfernten Wandberghaus.

Wer nicht zu Fuß gehen will, muss zahlen!

Schwarzenbach
Huben
1163
Grenzenlos
Wanderweg
Mesneralm
C
H
I
E
Mühlhörndel
1314
1519
Schreckalm
Wirtsalm
(verf.)
Diensthütte
Berg
864
1002
Diensthütte
Obermoosalm
Wasserfall
Judensee
Talgraben
Grünbodenalm
1200 (verf.)
Talalm
1119
Berger Ried
Gsengstein
Sachrang
738
883
1075
Wirtsalpkopf
Grenzhuberalm
(verf.)
(Laubergraben)
1220
Wirtsalm
(verf.)
1309
1244
1272
Wandberg
1454
Rettenbachalm
Burgeralm
Wandbergalm
1318
1350
Lochalm
Aschach
1239
Karspitze
Grenzhub
Grenzenlos
Wanderweg
Wildbichler Alm
1150
Harlander Alm
Melchbichl
Mannerstätter Ried
Stofflalm
Gradlalm
738
Wildbichl
Gabn
1229
Aufinger Alm
1030
Brennkopf
1353
Ritzgraben
Schöne Aussicht
1050
Karalm
Feistenau
Mannerstätt
START
Brennköpfl
1255
741
1067
Hitscheralm
Bründlingalm
Gränzing
Chiemkogel
1066
Flecken
Greidern
Kitzbichl
Oberberg
Schwaigs
667
Mozart-
Radweg
Marschbach
Maurach
Meier-
ried
Moarwirt
Grenzenlos
Wanderweg
175
Rettenschöss
Stauding
Rieder-
bauer
Land
NSG
Schwemm
Walchentaler Bach
680
Hollerhäusl
647
Kaiserhof
Dorf
Harland
Pötting
665
Steinbruch
664
Unter-
Lindrain
Ankerwald
Antonius-
kapelle
Aufing
Ober-
Miesberg
968
Schick
658
Osenthal
Staudinger Bach
957
Miesberg
Leitacker
Imbiss
Waldheim
Fuchsanger
578
Außerbichl
Miesberg
Steindl
Klein-
Mitter-
moosen
656
Außerfelden
Sonnleiten
Wildauer-
hof
Aschentaler B.
Sattler
Asching
Lederer
Schnapfl
Seetal
691
Bichl
Oed
670
Schopf
Brandauer Hof
Alpenhof
Amberg
Wolfing
Durchholzen

0 500 m

M G A U
Diensthütte
Schneiderhanggraben
Stübeckrücken
1469
Wirtsalm
Berghotel Breitenstein
Wuhrsteinalm
Wurstein-weg
Uhlalm
859
Liftstüberl
Etten-hausen
Maisbach
Lochbach
Niederkaseralm
Schöne Aussicht
647
1661
Breitenstein
Natur-lehrpfad
1183
Diensthütte
1117
Schmuggler-weg
Karalm (verf.)
Huberalm
686
Entenloch
Karkopf
1510
Sandspitze
1421
Grießelberg
Grenzenlos Wanderweg
Totermannbach
Hintere-
Abendpoit
Vordere-
Kössener Karalm
1268
1071
1232
Baumgartneralm
1418
Westnerau
1434
Rudersburg
Wetterfahne
1284
1345
Naringalm
Ober-
1010
Hinnageralm
Rescharkopf
-notheggeralm
Wegereralm
1136
1393
Lochner Horn
1448
Unter-
Kantusalm
Staffenbach
Welzenalm
Staffenberg
Grünbacher-alm
630
Edernalm
Ramsbach
965
Harausattel
Ottenalm
960
Riedlberg
1136
Staffenberg
1070
793
Staffner
930
828
Halbwart
Gründl
Riederalm
960
Harauer Spitze
Haraualm
1117
Hotel Alpina Sonneck
719
Angering
Außerkapelle
Kranzinger Berg
1015
Grenzenlos Wanderweg
Gundharting
Riedl
Hausberg
951
Josefital
Bike Trail Tirol
Hallbruck
Walchsee
Seehotel Brunner
Seeresidenz
Hot. Panorama Josefshöhe
Ried
Hochau
Kranzach
Weißenbach
624
Riedlwirt
Bichlach
Gimbich
See-mühle
Ess-baum
Mozart-Radweg
Traxl
Grub
Schwarzenbach
Veitler
Dürchen
Kaiserwinkl-Radwanderweg
Aucken
618
Gabich
Oberbichlach
Mozart-Radweg
Gasteig
674
Aigen
744
756
Hechenbichl
Unter-Lein
Ober-
Terrassen-Camping Südsee
Holzen

13. Wandberg – Lochner Horn

Einsame Höhenwanderung am Walchsee

Ausgangspunkt: Walchsee, 668 m (großer Parkplatz am östlichen Ortsende) | **Charakter:** Abwechslungsreiche Aussichtswanderung über weitläufiges Almgelände | **Einkehr:** Schöne Aussicht, Wandberghaus | **Karte:** KOMPASS Nr. 9, 09 (1:30 000)

Leicht | 15 km | 885 hm / 885 hm | 6,25 Std.

Schwemmlandschaft, Fahr- und Radwege, weitläufige Wiesen mit regem Almbetrieb, Grasgipfel und schattige Waldpfade, das alles bietet diese sehr abwechslungsreiche Wanderung neben herrlichen Ausblicken hinab zum Walchsee und zu den umliegenden Gipfeln in Nah und Fern.

Die erste Etappe, die am **Parkplatz** gegenüber dem Walchsee beginnt, führt uns durch den Ort, dem Schild „Schwemm" folgend und bringt uns auf dem Radweg am Minigolfplatz und der Ersten Tiroler Mustersennerei vorbei zu einer Wegkreuzung. Wir bleiben auf dem Weg und wandern geradeaus weiter Richtung Wandberg (markiert auch mit dem Schild: „Grenzenlos wandern"). Am Golfplatz (rechts) und dem Moarwirt (links) vorbei, erreichen wir am westliche Ende der links liegenden Schwemmlandschaft die Abzweigung zum Gasthaus Schöne Aussicht. Kurz darauf, bei einem Hofgebäude, verlässt man den Weg und folgt einem markierten anfangs breiten Weg nach rechts (Staudingerwand). Der Weg verengt sicht zu einem teilweise verwachsenen Pfad, wir folgen bei der nächsten Wegteilung dem Schild „Wandberg/Schöne Aussicht", überqueren einen Bach und steigen auf einem steilen und schmalen Pfad im Wald an. An einer felsigen Stelle ist sogar ein Drahtseil angebracht. Bei einem Drehkreuz angekommen, tritt aus dem Wald, überquert die Wiese und folgt dem Weideweg bis man wieder auf die Fahrstraße trifft und wenig später die Parkplätze für die Wandberg-Wanderer erreicht. Das **Gasthaus Schöne Aussicht** macht seinem Namen alle Ehre. Auf dem Fahrweg steigt man gemächlich an, bis man bei einer Markierung wählen kann, ob man rechts den Wanderweg oder links dem Radweg folgen will. Wir halten uns rechts, steigen leicht durch Wald an und sind bald unterhalb des Wandberggipfels, der in grasigen Serpentinen bestiegen wird. Bei einem Almgebäude in ei-

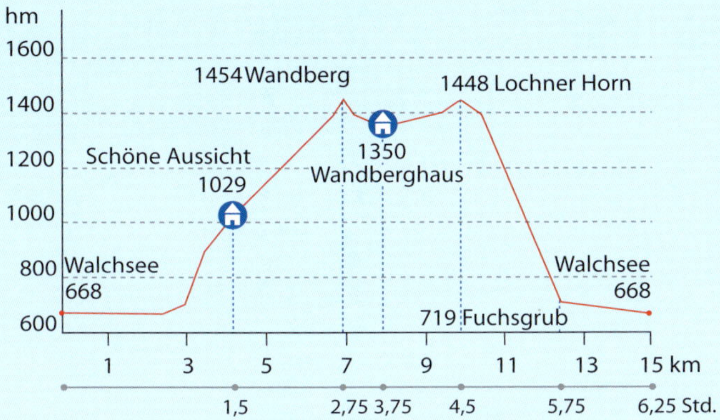

ner Art Sattel geht es links die letzten Meter zum **Gipfel**, rechts ist bereits das Wandberghaus zu sehen. Zurück zum Sattel und in nur wenigen Minuten hinüber zum **Wandberghaus**. Unterhalb des Wandberghauses ist der Weiterweg zum Lochner Horn markiert (53). Vorbei an der Widauer Alm und auf einem sehr aussichtsreichen Weg rechts den Schildern zum **Lochner Horn** folgen. Der weitgehend eingezäunte Gipfel weist nur eine steinerne Bodenmarkierung, dafür ein fantastisches Rund-um-Panorama auf. Zurück zur letzten Abzweigung und den rot-weiß gestrichenen Holzpflöcken folgend direkt über die Almwiesen hinunter zur Kohlriederalm. Auch hier weiter den rot-weißen Markierungen folgen (nicht der Straße!). Man gelangt zu einer Tafel, die uns den Weiterweg anzeigt (Fuchsgrub/Walchsee). In den Wald hinein und in Serpentinen steil hinab. Das letzte Stück führt wieder über freies Wiesengelände direkt zu den ersten Häusern hinab, rechts taucht das Gasthaus Fuchsgrub auf. Am Sportplatz vorbei zurück zum **Ausgangspunkt**.

Das Gasthaus Schöne Aussicht.

Spitzsteinhaus 1335
Aueralm 1305
Grenzenlos Wanderweg
Goglalm
Mitterleitnerried
Mesneralm
Obermoosalm
Stoana-Alm
Dienshütte
Berg
Wasserfall
Judensee
Talgraben
Talalm
Mitterleiten
Sachrang 738
Berger Ried
Gsengstein
Wirtsalpkopf
Grenzhuberalm (verf.)
Reichenau
Wirtsalm (verf.) 1309
Moosbauer 900
Rettenbachalm
Schweinern
Ölbergkapelle
Aschach
Hinterberg
Jagglried 973
Grenzhub
Karspitze
Wildbichler Alm
Melchbichl
Stofflalm
Gradlalm
Mannerstätter Ried
Wild-bichl
Wildbichl
Gabn
Aufinger Alm 1030
Hatzenstätt
Ritzgraben
Schöne Aussicht 1050
Karalm
Feistenau
Mannerstätt
Schachen
Mittertrain
Hitscheralm
Gränzing
Chiemkogel 1066
Flecken
Greidern
Kitzbichl
Schwaigs
Reit
Noppenberg-Ötz
Cafe Köstler
Schönblick
Meier-ried
Rettenschöss
Stauding
Moarwirt
Riederbauer
Hollerhäusl
Land
Steinhäusl
Walchentaler Bach
Kaiserhof
Noppenberg
Harland
Pötting
Unter-Lindrain
Ober-
Ankerwald
Antonius-kapelle
Staudinger Bach
Aufing
Hausern
Osenthal
Miesberg
Sebi
Leitacker
Primau
Imbiss Waldheim
Fuchsanger
Außerbichl
Oberprimau
Steindl
Brand
Aschentaler B.
Sonnleiten
Wildauerhof
Nußham
Asching
Außerfelden
Wörnsbach
Nußhamer Rieder
Lederer
Seetal
Schopf
Brandauer Hof
Alpenhof
Reisch
Wolfing
Durchholzen
Winkl
Rießböck
Sommer-Rodelbahn
Hochberg

0 500 m

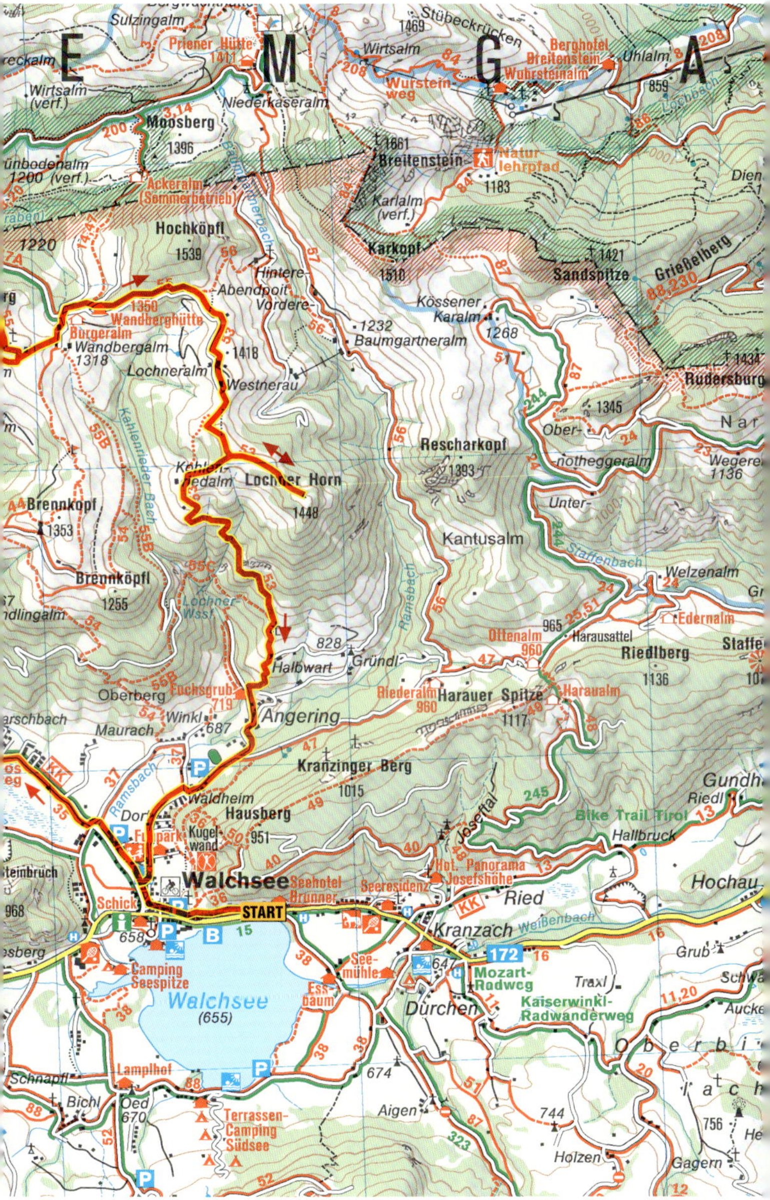
Sulzingalm
Priener Hütte
1411
E
M
G
A
Stübeckrücken
1469
Wirtsalm
Berghotel Breitenstein
Wuhrsteinalm
Uhlalm
859
Wurstein-weg
Wirtsalm (verf.)
Niederkaseralm
Moosberg
1396
1661
Breitenstein
Natur-lehrpfad
1183
Karalm (verf.)
Ackeralm (Sommerbetrieb)
1200 (verf.)
Hochköpfl
1539
1220
Hintere-
Abendpoit
Vordere-
Karkopf
1510
1421
Sandspitze
Grießelberg
Kössener Karalm
1268
1232
Baumgartneralm
1350
Wandberghütte
Burgeralm
Wandbergalm
1318
Lochneralm
1418
Westnerau
1434
Rudersburg
1345
Ober-
notheggeralm
Wegerer
1136
Rescharkopf
1393
Kohlen-riedalm
Lochner Horn
1448
Unter-
Kahlenrieder Bach
Brennkopf
1353
Kantusalm
Staffenbach
Welzenalm
Brennköpfl
1255
Lochner Wssf.
Edernalm
965
Harausattel
Riedlberg
1136
Ottenalm
960
828
Gründl
Halbwart
Oberberg
Fuchsgrub
719
Riederalm
960
Harauer Spitze
1117
Haraualm
Winkl
687
Angering
Maurach
Kranzinger Berg
1015
Ramsbach
Waldheim
Dorf
Hausberg
951
Kugelwand
Josefstal
Gundh
Riedl
Bike Trail Tirol
Hallbruck
Hochau
Walchsee
Hot. Panorama Josefshöhe
Seehotel Brunner
Seeresidenz
Schick
Funpark
START
KK
Ried
Kranzach
Weißenbach
658
647
172
Grub
Camping Seespitze
See-mühle
Mozart-Radweg
Traxl
Walchsee
(655)
Ess-baum
Dürchen
Kaiserwinkl-Radwanderweg
Oberbi
Lamplhof
674
Schnapfl
Bichl
Oed
670
Terrassen-Camping Südsee
Aigen
744
Holzen
756
Gagern

14. Unterberghorn, 1773 m

Beliebter Winterberg als Sommerziel

Ausgangspunkt: Kössen, 589 m, Talstation des Sessellifts (615 m), Parkplatz | **Charakter:** Breite Wald- und Wanderwege; nur der Abstieg zur Lackalm ist stellenweise ausgesetzt und verlangt Trittsicherheit | **Einkehr:** Alpengasthof Scheibenwaldhütte, Gasthof Lucknerhof, Bergstation | **Karte:** KOMPASS Nr. 9, 09 (1:30 000)

Mittel | 15 km | 1160 hm 1160 hm | 6,5 Std.

Wie bei den meisten Seilbahnbergen möglich, so kann man sich auch das Unterberghorn seinen ganz individuellen Wanderwünschen anpassen – und dies im Sommer wie im Winter. Da der Berg auch bei Gleitschirmflieger und Paraglidern bekannt und beliebt ist, wird man – zumindest im Gipfelbereich – selten alleine sein.

Wer aber die leicht zugängliche Nordseite im Abstieg dann mit der schrofferen Südseite zu einer ausgiebigen Rundtour verknüpft, der wird zumindest auf der zweiten Etappe dem größten Trubel entgehen.

Wir starten bei der **Talstation** und folgen dem markierten Wanderweg zuerst über Wiesen, dann durch den Wald hinauf. Auf breitem Waldweg unterqueren wir den Sessellift und steigen über die Schusterbauernalm und die Martenbauernalm zur Mittelstation bei der **Scheibenwaldhütte** auf.

Wir folgen dem Weg weiter unterhalb des Lifts in südlicher Richtung über den Kammrücken bergan und gelangen zur **Bergstation**.

Stets südwärts weiter ansteigend haben wir bald den nur wenig höheren **Unterberghorngipfel** erreicht.

Von hier geht es weiter südlich, aber deutlich steiler und stellenweise ausgesetzt über einen schrofigen Latschenhang hinab zur **Lackalm**. Bei Nässe ist dieser Abstieg nicht unbedingt zu empfehlen.

Von der Lackalm führt uns ein kehrenreicher Weg zunächst hinab ins Niederhausertal. Wir folgen dem stetig leicht fallenden Weg durch schattigen Wald zum Tal hinaus und gelangen schließlich nach einem ziemlich ausgiebigen Fußmarsch über den **Lucknerhof** wieder zum **Ausgangspunkt** bei der Liftstation zurück.

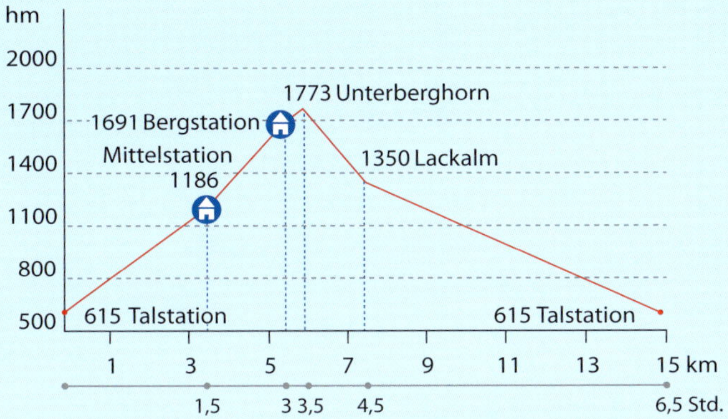

Das Unterberghorn ist ein Gipfel für alle Jahreszeiten und infolge der Seilbahn auch ein Bergziel für jedermann.

Offenalm
960
Harausattel
Riedlberg
1136
Staffenberg
1070
793
Halbwart
Gründl
828
Fuchsgrub
719
Riederalm
960
Harauer Spitze
1117
Haraualm
Winkl
687
Angering
Außerkape
Kranzinger Berg
1015
Grenzenlos Wanderweg
Gundharting
Riedl
KK 13
Waldheim
Hausberg
951
Kugelwand
Funpark
Josefstal
Bike Trail Tirol
Hallbruck
Walchsee
Seehotel Brunner
Seeresidenz
Hot. Panorama Josefshöhe
Ried
Hochau
Kranzach
Weißenbach
624
Bichlach
Grub
Riedlwirt
172
Camping Seespitze
See-mühle
647
Mozart-Radweg
Traxl
Schwarzenbach
Walchsee
(655)
Ess-baum
Durchen
Kaiserwinkl-Radwanderweg
Aucken
Oberbichlach
Gasteig
674
Aigen
744
756
Hechenbichl
Terrassen-Camping Südsee
Holzen
Gagern
679
Gageshof
961
Lippenalm
1094
Schwarzenbachalm (Sommer)
Ebersberg
1164
693
Gagesalm
Aufschnait
Niglgrubenalm
Mitterstättalm
872
Raineralm
Gachenalm
Ampferbodenalm
Gruberalm
Brandalm
Gwirchtalm
1023
Einschnait
Unterbichlalm
1228
Wolfingeralm
Stefflalm
865
Oberleinalm
Entfelden
Boaralm
1019
Kogelweg
Unterlenzenkaralm
Kogel
1332
Habersauer Almen
915
Kogelalm (verf.)
Lederer
Oberlenzenkaralm
Zasserlkögerl
1298
1614
Scheibenkogel
663
Weißwandthütte (Jhtt.)
Reitstättalm
Hohenkendl
669
Jodleralm
922
Entfeldalm
Kohlalmbach
Kohlalm
1194
Ob. Kohlalm
1280
Weißenbach
Erzbach
Kohlenbach

0 500 m

START
Unterberghorn
Hefferthorn
Schwendt
Schnappenstein
Schnappen
Lackalm
Niederhausertal
Schusterbauernalm
Martenbauernalm
Scheibenwaldhütte
Terrassen-Restaurant Bärenhütte
Unterberghornhütte
Drachen- u. Paragleiter-Startgelände
Unterbergalm
Zellerinalm
Kaiseralm
Sportklause
Unterberg
Lucknerhof
Unterschwendt
Kaltenbach
Blaik
Waidach
Hütte
Loferberg
Bike Trail Tirol
Leukental-Radweg
Kaiserwinkl-Radwanderweg Rad-Weltpokal-Kurs
Kleisleralm
Aschenau
Pinzger
Obere Schnappenalm
Untere Schnappenalm
Ochswies
Veitenalm
Strasspointalm
Stegeralm
Oberbichlalm
Putzenalm
Mozart-Radweg
Schnappenrücken
Hackeralm
Kohlstatt
Schlecht
Fischbach
Leitwang
Egerdach
Dichtler
Kreuzgütl
Eurocamping Wilder Kaiser
Unterhochstättalm
Lackgraben
Sulzgraben
Sulzböden
Scheidergraben
Astegghütte Jhtt.
Kalkgraben
Heffertgraben
Fritzing
Grünbach
Vorderblaik
Faistental
Bogenschießen
Neuwirt
Hüttwirt
Brennerwirt
Sportplatz
Schlosser
Egg
Clubhaus
Marienhöhe
Weggeld
Ginzen
Hacklried
Veitenhof
Endtal
Breitau
Unterstraß
Großache
Loferbach
Wiesen
1890
1773
1735
1310
1336
1391
1502
1546
1491
1078
1013
906
964
856
1103
1145
1278
1294
1295
1077
619
644
592
589
607
629
655

15. Schnappen, 1546 m

Einsame und stille Naturwanderung

Ausgangspunkt: Lederer, 660 m; an der Straße Kössen in Richtung St. Johann; Bushaltestelle | **Charakter:** Problemlose, meist schattige Alm- und Wanderwege; bis zur Stegeralm Fahrstraße. | **Einkehr:** Fischrestaurant (etwas nördlich vom Ausgangspunkt); unterwegs keine Einkehrmöglichkeit | **Karten:** KOMPASS Nr. 9, Nr. 09 (1:30.000)

Leicht | 12 km | 890 hm / 890 hm | 4,75 Std.

Der bewaldete Kamm im Osten des Kaisergebirges, der ein paar felsige Erhebungen aufweist, ist kein spektakuläres Gipfelziel, aber eine schöne, ruhige und im oberen Teil aussichtsreiche Wanderung. Da kein Gipfelrestaurant und keine Einkehrhütte lockt, sollte man genügend Proviant und vor allem Flüssignahrung auf diese Wanderung mitnehmen.

Unsere Tour beginnt bei der Bushaltestation **Lederer**, wo ein riesiges Kreuz („Lederer Herrgott") unsere Aufmerksamkeit in Anspruch nimmt. Der blau markierte Wanderweg (Stegeralm) führt zunächst auf der breiten Forststraße, den vielen Kehren folgend, stetig steigend bergan. Im oberen Teil können wir eine weit ausholende Rechtskehre durch einen steilen Pfad, der uns über die Oberbichlalm führt, abkürzen.

Bei der **Stegeralm** wandern wir auf einem Waldweg weiter, zunächst Richtung Osten, dann linksabdrehend in südöstlicher Richtung zu den Schnappenalmen. Bei der **Unteren Schnappenalm** trifft man auf einen Fahrweg, der uns hinauf zur **Oberen Schnappenalm** bringt.

Nun halten wir uns nordwärts auf den Kamm zu, folgen dem markierten Wanderweg leicht aufwärts und erreichen mit dem **Schnappen** den höchsten Punkt unserer Wanderung. Immer weiter Richtung Norden fällt der Weiterweg leicht ab und führt uns schließlich zum aussichtsreichen Schnappenstein, mit der kleinen **Kapelle**.

Von hier aus hat man eine besonders schöne Aussicht zu den umliegenden Bergen im Kaisergebirge und den Chiemgauer Alpen. Abstieg auf dem Anstiegsweg.

Der eindrucksvolle, übermannshohe „Lederer Herrgott" direkt an der Straße zwischen Schwendt und Griesenau.

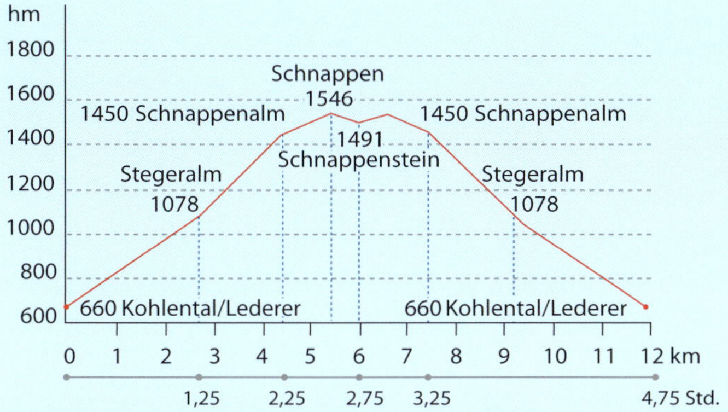

hm
1800
1600
1400
1200
1000
800
600
Schnappen
1546
1450 Schnappenalm
1491
Schnappenstein
1450 Schnappenalm
Stegeralm
1078
Stegeralm
1078
660 Kohlental/Lederer
660 Kohlental/Lederer
0 1 2 3 4 5 6 7 8 9 10 11 12 km
1,25
2,25
2,75
3,25
4,75 Std.

INRI

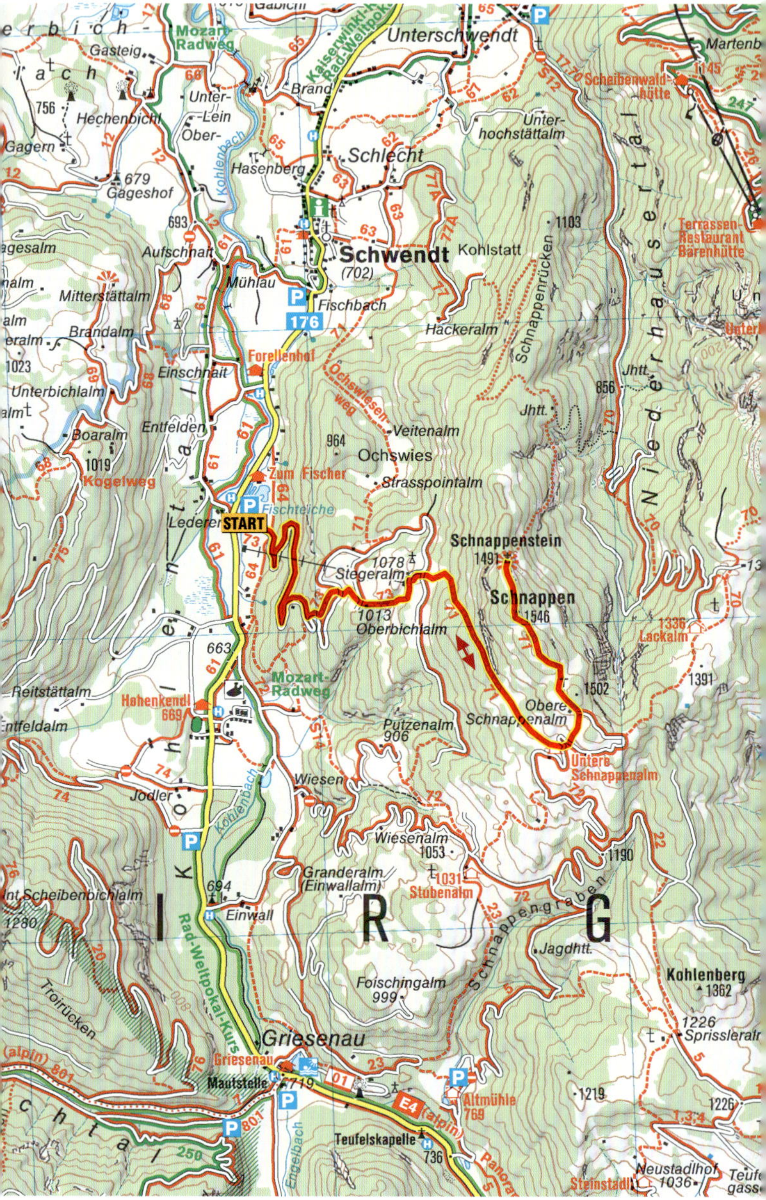

KOMPASS

0 500 m

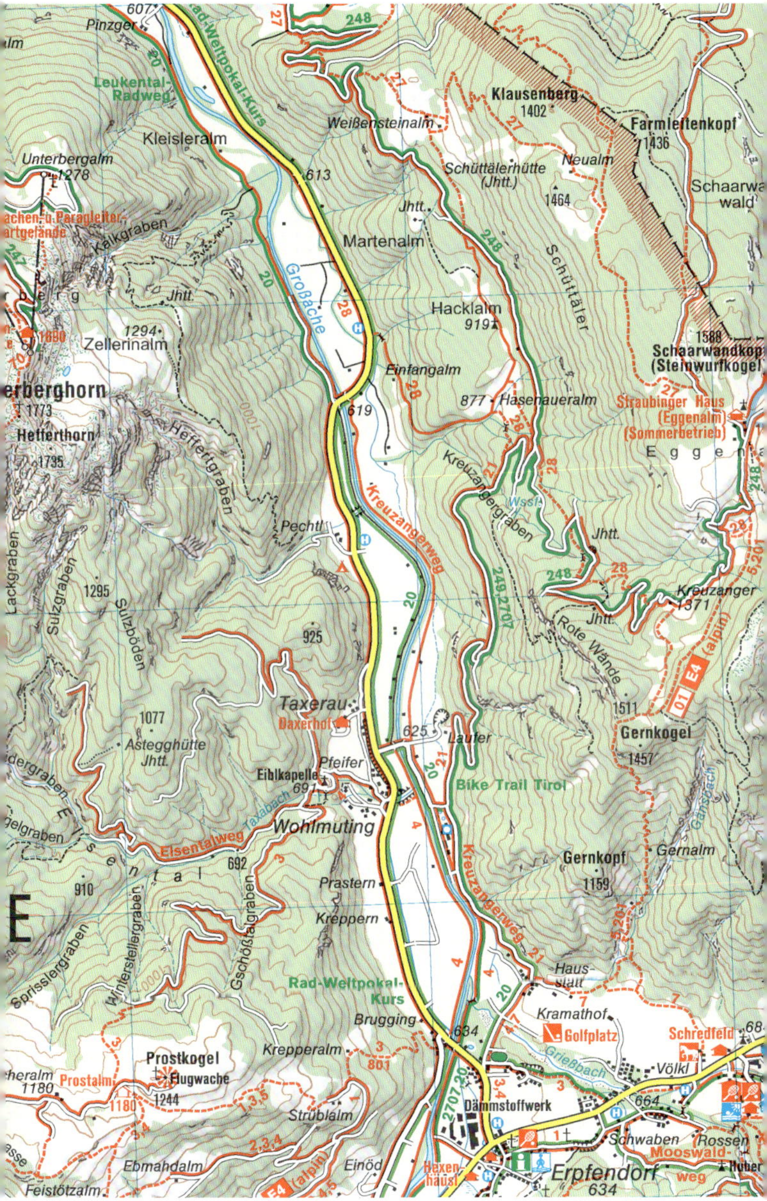
Pinzger
607
Rad-Weltpokal-Kurs
Leukental-Radweg
Kleisleralm
Unterbergalm
1278
Kalkgraben
Jhtt.
1294
Zellerinalm
erberghorn
1773
Hefferthorn
1735
Heffertgraben
Lackgraben
Sulzgraben
1295
Sulzböden
1077
Astegghütte
Jhtt.
Elsental
Elsentalweg
910
692
Sprisslergraben
Winterstellergraben
Gschößtalgraben
Prostkogel
Flugwache
1244
Prostalm
1180
Ebmahdalm
Feistötzalm
Strublalm
Einöd
Krepperalm
801
Brugging
Rad-Weltpokal-Kurs
Kreppern
Prastern
Wohlmuting
Taxabach
Eiblkapelle
691
Pfeifer
Taxerau
Daxerhof
925
Pechtl
619
613
Großache
Martenalm
Weißensteinalm
Jhtt.
Hacklalm
919
Einfangalm
877
Hasenaueralm
Kreuzangerweg
Kreuzangergraben
Wssl.
249,2707
Bike Trail Tirol
625
Laufer
Klausenberg
1402
Schüttälerhütte
(Jhtt.)
Neualm
1464
Schüttäler
Farmleitenkopf
1436
Schaarwandkopf
(Steinwurfkogel)
1588
Straubinger Haus
(Eggenalm)
(Sommerbetrieb)
Kreuzanger
1371
Rote Wände
1511
Gernkogel
1457
Gernkopf
1159
Gernalm
Gansbach
E4 (alpin)
Haus-statt
Kramathof
Golfplatz
Grießbach
Schredfeld
Völkl
664
Dämmstoffwerk
Schwaben
Rossen
Mooswald-weg
Huber
Erpfendorf
634
Hexen-häusl

16. Hinterbärenbad

Unterwegs am Kaisertalweg

Ausgangspunkt: Kufstein/Eichelwang, 501 m (gebührenpflichtiger Parkplatz gegenüber dem Einstieg zum Kaisertalweg bzw. bei der Talstation der Sesselbahn Wilder Kaiser) | **Charakter:** Ein unproblematischer Wander- und Spazierweg, der sich als eine ideale Annäherung an die fantastische Bergwelt des Wilden Kaisers erweist | **Einkehr:** Veitenhof, Pfandlhof, Hinterkaiseralm, Anton-Karg-Haus | **Karte:** KOMPASS Nr. 9, Nr. 09 (1:30.000)

Leicht | 15,75 km | 410 hm / 410 hm | 4,5 Std.

Nicht nur der Blick von der herrlich gelegenen Antoniuskapelle in Richtung Wilder Kaiser ist bei Fotografen ein fast klassisches Motiv, nein, der gesamte Kaisertalweg wartet immer wieder mit spektakulären Bildern und Ansichten auf und macht diese einfache Wanderung zu einer eindrucksvollen Unternehmung. Die vielen willkommenen Einkehrmöglichkeiten, die sich unterwegs bieten, lassen den weiten Weg zu übersichtlichen Etappen werden und an unserem Zielpunkt in Hinterbärenbad lädt das Anton-Karg-Haus zur verdienten Rast ein.

Nach dem etwas steileren und schweißtreibenden Anstieg über die Stufen gleich am Anfang hat man das Schlimmste hinter sich und wandert nun fast eben dahin. Hat man den **Pfandlhof** passiert, folgt kurz darauf links die beschilderte Abzweigung zur Antoniuskapelle. Auf breitem Fahrweg erreicht man nach ca. 20 Min. die wunderschön gelegene **Kapelle** mit dem berühmten Kaiserblick. Knapp unterhalb liegt die reich mit Blumen geschmückte Hinterkaiseralm. Wir setzen den Weg fort und folgen bei der Verzweigung dem Schild „Alter Kaisertalweg" in den Wald hinein. Der sehr schöne, schattige Weg überquert einen Bach und führt über Stufen hinab – bis auf eine Stelle allerdings ohne Aussicht –, bis wir in Höhe der Klaushütte (bei der Triftklause) erneut auf den breiten Kaisertalweg stoßen. Kurz darauf passiert man das Karg-Gartl und steigt dann nochmals leicht zum **Anton-Karg-Haus** in **Hinterbärenbad** an.

Beim Rückweg bleiben wir nach der Triftklause auf dem neuen Kaisertalweg und wandern durch zwei Tunnels immer dem breiten Weg folgend gemütlich zurück nach **Kufstein**.

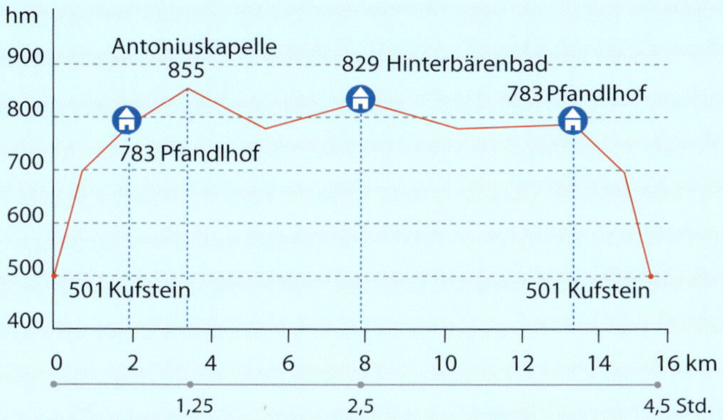

Hinterbärenbad: Blick zu den Halt-Gipfeln.

Kiefersfelden
506
Kohlstatt
Schöffauer Siedlung
Gach
Buchberg
641
Burgberg
Egelsee
Hechtsee
Hechtsee 554
Guggelberg
Sonneck
Kiefersfelden
Rain
Au
K.-West
Bike Trail Tirol
478
Rastanlage K.-Ost
Kieferer See
Plafing
506
538
Oberndorf
Pointer häusl
478
Schanz
482
Kiefer
Kläranlage 487
Zur Schanz
175
60
Blumenwelt Hödner
Eichelwang
Aigen
Aschau
721
Ruine Thierberg
Kufstein-Nord
Neuhaus
Untere-
490
Schottergrube
Weinstadl
START
E4
(alpin)
Veitenhof
801
709
Theaterhütte
Tischhofer-höhle
Pfandlhof 783
Berghof Enzian
Teufelskanzel
802
Grenzenlos Wanderweg
Schanzer Wände
Zehnerkopf
1241
Lahnkopf
1204
Rogerkopf
1138
Rogeralm
Hofinger-Alm
Kaiserbach
SPARCHEN
501
495
Obere-
778
Duxer Köpfl
Vorderdux
Hinterduxer Hof
Grenzland-Stadion
KUFSTEIN
499
Kienbergklamm
Kienbach
Duxeralm
897
Festung Kufstein
555
Kienberg-klamm
698
Waldkapelle
310
814
Adlerweg 2,814
1272
Brentenjoch
Weinbergerhaus (Brentenjochhütte)
Brentenjochalm
Aschenbrennerhaus
1135
Panoramaweg
Dickichtkapelle
Moosbeerkopf
1183
MITTERNDORF
Plattengraben
Mitterndorfer B.
Kalkgraben
658
Hochwacht
Egerbachalm
1140
Baumannalm
1143
Schneerosenweg
Grüner Graben
Gaisbach
N S G
Kaindlhütte 1293
Adlerweg
Hochegg
Rodelhütte (Jhtt.)
Winterkopf
1226
Winterkopfhütte (Jhtt.)
Köllenbergkopf
1107
Duregg
1312
Walleralm 1199
827
Jägerbrünnl
1749
Stöffelhütte
823
Zettenkaiserkopf
1609
Grübler Kaiser
Sonnberg
Haberg
638
714
681
Höllentalgraben
Adlerweg
Zementwerk

0 500 m

Zahmer Kaiser
Naturschutzgebiet Kaisergebirge
Wilder Kaiser
Ebbser Jhtt.
828
Buchberger Jagdhütte
Jovenalm
Einserkogel
1924
Elferkogel
Zwölferkogel
Pyramidenspitze
1997
Jofenspitze
Winkelalm
Scheiblingsteinkar
Naunspitze
1633
1745
Petersköpfl
Vorderkaiserfeldenhütte
1388
Vord. Steingrube
Hint. Steingrube
1530
Untere Hinterkaiserfeldenalm
1480
Vordere-Kesselschneid
2001
Hintere
1995
Winkelkar
1970
Höhenweg
Kegelboden
Hölle
Kaiserquelle
Bödenalm
940
Bärentaler Wände
Hechleitalm
932
Klaushütte (Jhtt.)
Kerneckhütte (Jhtt.)
1047
Ropanzen
1572
Feldalmer Graben
Längegg
1433
1402
Jhtt. 751
Anton-Karg-Haus (Hinterbärenbad)
Hans-Berger-Haus (Kaisertalhaus)
936
Jagabründl
801 (alpin)
Taxköpfl
Brandkogel
1411
Straßwalchgraben
Bettlersteig
Gütlersteig
1119
Straßwalch- (Jhtt.)
Grobtal
2040
Totensessel
1746
Kleines Halt
2116
Gamskarköpfl
Wiesberg
Hackenköpfe
1998
Kopfkraxen
Sonneck
2260
2178
Ellmauer Halt
Babenstuberhütte
2344
2125
Muttergries
Schneekar
Widauersteig
Scheffauer
2111
Sonnenstein
1714
Treffauer
2304
Kaiser-Hochalm
Tuxeck
2226
Veitskirche
Adlerweg
WKS Höhenweg
E4
01

17. Gamskogel, 1449 m

Mit Lifthilfe zum Fuß des Wilden Kaisers

Ausgangspunkt: Bergstation Brentenjoch, 1230 m (Parkplatz bei Talstation der Sesselbahn Wilder Kaiser) | **Charakter:** Breite Fahrwege, Wander- und Waldpfade | **Einkehr:** Weinberger Haus, Steinberghütte, Kaindlhütte | **Karte:** KOMPASS Nr. 9, Nr. 09 (1:30.000)

Leicht | 8 km | 220 hm / 220 hm | 2,25 Std.

Um 8.30 Uhr startet im Kufsteiner Ortsteil Sparchen die erste Sesselbahn zum 1230 m hoch gelegenen Brentenjoch, mit Umsteigen bei der Duxer Alm, so dass man sich ausgeruht um 9.00 Uhr auf den Weg machen kann. Man sollte aber auf keinen Fall vergessen, dass um 16.00 Uhr die letzte Talfahrt erfolgt – wenn man nicht ungewollt zu Fuß nach Kufstein absteigen möchte.

Von der Bergstation **Brentenjoch** folgen wir zuerst dem breiten Fahrweg, der Richtung Kaindlhütte, Duxeralm, Gamskogel ausgeschildert ist, bis wir hinter der Brentenjochalm auf eine Wegverzweigung stoßen. Dort beginnt der Wanderpfad, der uns in leichter Steigung über einen Wiesen- und Waldrücken zum **Gamskogel** hinaufbringt. Dieser bescheidene Gipfel entpuppt sich als prächtiger Aussichtsort mit einem herrlichen Rundum-Panorama. Ein markierter Steig führt über die Hochfläche – zuerst hinab zu einem Sattel, wo unser Pfad auf den von Bärenbad heraufkommenden Bettlersteig trifft. Über grasige Hänge geht es dann leicht hinab zu den Gebäuden der Steinbergalm und schließlich zur **Kaindlhütte**, einer auch bei Mountainbikern beliebten Einkehrstätte.

Der bequeme **Rückweg** verläuft auf dem breiten Fahrweg, vorbei an der Steinberghütte, und bringt uns in einer knappen Stunde zurück zur Bergstation **Brentenjoch**.

Nach dieser relativ kurzen Tour können wir noch einen kurzen Abstecher auf dem Panoramaweg in Richtung Aschenbrenner Haus anhängen, bevor wir uns wieder mit der Sesselbahn Wilder Kaiser in zwei Sektionen hinunter nach **Kufstein** bringen lassen.

Mit dem Brentenjoch-Sessellift erspart man sich einige Kilometer Geh- und über 700 schweißtreibende Anstiegsmeter.

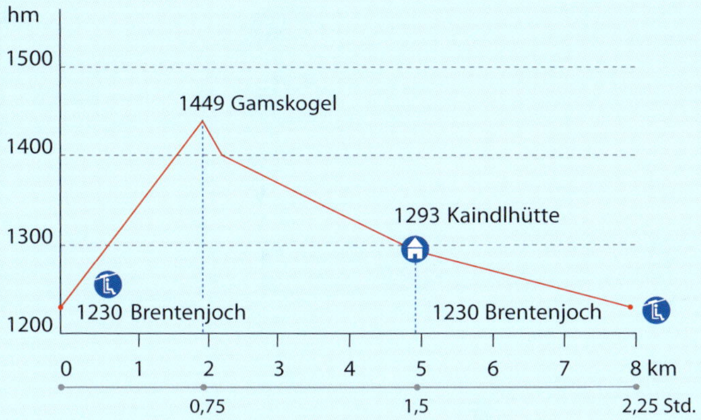
hm
1500
1449 Gamskogel
1400
1293 Kaindlhütte
1300
1230 Brentenjoch
1230 Brentenjoch
1200
0
1
2
3
4
5
6
7
8 km
0,75
1,5
2,25 Std.

KOMPASS

0 500 m

18. Scheffauer, 2111 m

...über den Widauer-Klettersteig

Ausgangspunkt: Bergstation Brentenjoch, 1230 m (Parkplatz bei der Talstation der Sesselbahn Wilder Kaiser) | **Charakter:** Bequemer Fahrweg bis zur Kaindlhütte, der drahtseilgesicherte „Widauersteig" weist zwei steile Abschnitte auf und erfordert etwas Bergerfahrung sowie Trittsicherheit. Entsprechende Ausrüstung ist von Vorteil | **Einkehr:** Weinberger Haus, Steinberghütte, Kaindlhütte | **Karte:** KOMPASS Nr. 9, Nr. 09 (1:30.000)

Schwer | 11 km | 880 hm 880 hm | 6,25 Std.

Der Scheffauer ist ein toller Aussichtsberg, der als höchste Erhebung den Wilden Kaiser nach Westen hin abschließt und eine ungehinderte Rundumsicht gewährt. Der vielbegangene, da abwechslungsreiche Widauersteig, der durch die Nordseite des Scheffauer führt, ist durch seine schattige Lage gerade im Hochsommer bei den etwas ambitionierteren Berggängern sehr beliebt.

Der Weg vom **Brentenjoch** zur **Kaindlhütte** ist nicht gerade spannend, aber dafür recht kurz. Dort geht es an einer kleinen Kapelle vorbei in Richtung Wald, die beiden Abzweigungen („Bettlersteig"; „Hintersteiner See") werden ignoriert, wir folgen der roten Markierung Nr. 814 links hoch. Im Wald erreichen wir eine kleine Ebene und halten uns dort direkt auf den Felskopf zu, den man nach rechts unterquert und dann wieder ansteigend einen großen Kessel erreicht. Diesen umrundet man auf der rechten Seite, quert dann oberhalb des Kessels wieder nach links und traversiert direkt unter den Felsabstürzen riesige Geröllhalden („Großer Friedhof"). Am oberen Ende des Kessels stößt man auf die ersten Versicherungen und rote, am Fels angebrachte Markierungen. Zuerst ein steiler Aufschwung, dann quert man rechts den Hang hoch (schöne Blick zum Zettenkaiser mit Anstiegsweg). Bald darauf erreicht man die zweite Steilstufe, eine Rinne, die drahtseilgesichert zum Grat hinaufleitet (Schild). Nun nach rechts, zuerst leicht abwärts in eine Senke (Schneerest) und dann zum sichtbaren **Gipfelkreuz** hinüber.

Der **Abstieg** verläuft auf dem Anstiegsweg. Besonders in den steilen Rinnen ist darauf zu achten, dass man keine Steine lostritt und damit weiter unten Steigende gefährdet!

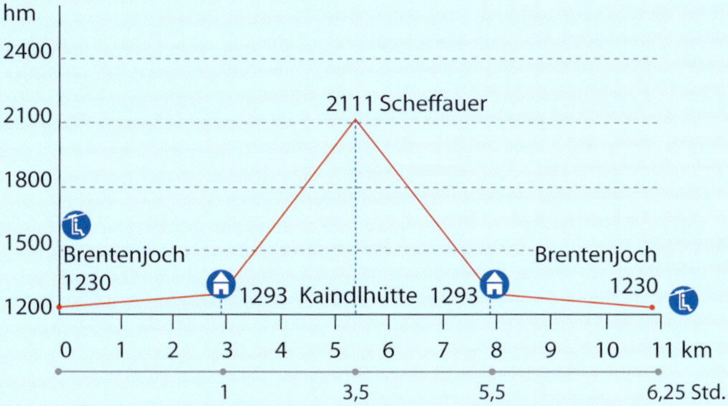

Rückblick zur Kaindlhütte und zum Brentenjoch (hinten links).

Schöffau
Wachtl
Marbling
THIERBERG
Aigen
Aschau
Längsee
Lehenhof
Ruine Thierberg
Marblinger Höhe
683
Ramsau
Pfrillsee
Kufstein-Nord
Neuhaus
Hohenstaffing
Gschwend
Untere-
Kiefer
Kläranlage 487
Blumenwelt Hödner
Zur Schan
175
Eichelwang
Grenzenlos Wand
Teufelskanzel
802
Schottergrube
Weinstadl
01
E4
(alpin)
Veitenhof
490
Theaterhütte
Tischhoferhöhle
709
SPARCHEN
501
310
Dickich
Lindlmühle
MORSBACH
506
495
Obere
778
Duxer Köpfl
Unterduxer Hof
Vorderdux
KUFSTEIN
Duxeralm
Grenzland-Stadion
ZELL
494
Bhf.
Kloster Kleinholz
Festung Kufstein
555
499
Kienbergklamm
Kienbach
Kienbergklamm
698
Waldkapelle
597
Zeller Berg
MITTERNDORF
Weinbergerhaus
(Brentenjochhütte)
Aschenbrennerhaus
1135
Riedel Glasmuseum Schaubläserei
658
Hochwacht
Plattengraben
Mitterndorfer B.
Kalkgraben
ENDACH
489
WEISSACH
493
Endach
Hörfing
1143
Schneerosenweg
GLEMM
N S G
171
Galsbach
Locherer Kapelle
590
Rodelhütte (Jhtt.)
1226
Winterkopf
Winterkopfhütte (Jhtt.)
Wöhrerköpflsteig
Höhenweg
Kraftwerk Langkampfen
Wöhrerköpfl
782
Russland
Ernsberg
Wilder-Kaiser-Steig
Raststätte Luise
637
Haberg
714
Egerbach
Sonnberg
Köllenbergkopf
1107
Walleralm
1199
Stöffelhütte
Höllentalgraben
823
Adlerweg
173
Wald
Ried
Egerbach
638
WKS
681
Am Bach
Wieshäusl
539
Zementwerk
Köllenberg
Rehersteig
775
Eiberg
Reher
Rehaug
schwend
Reherbach
Osterndorf
613
Schmiedl
Aßmann
669
Sonnerer
Schottergr.
Schwoich
582
Steigenwand
1089
Eibergkopf
Himberger B.
Kraftw.
Steinbruch
822
Steinerne Stiege
Seespitz
Maier
Hagenhof
Hintermatzing
Casserole
621

0 500 m

Zahmer
Naturschutzgebiet Kaisergebirge
Peterskopfl
Vorderkaiserfeldenhütte 1388
Ritzaualm 1161
Zehnerkopf
Lahnkopf
Hölle
Kegelboden
Höhenweg
Ramstalalm
Rogeralm
Hofinger-Alm
Antoniuskap.
Hinterkaiser
Bödenalm 940
Berghof Enzian
Pfandlhof 783
Kaiserbach (Sparchenbach)
Hechleitalm
Klaushütte (Jhtt.)
Kerneckhütte (Jhtt.) 1047
Längegg
Gamsberg
Moosbeerkopf 1183
Gamskogel 1449
Taxköpfl
Brentenjoch
Brentenjochalm
START
Adlerweg
Egerbachalm 1140
Baumannalm
Steinberghütte
Brandkogel 1411
Anton-Karg-Haus (Hinterbärenbad)
Gütlersteig
Bettlersteig
Straßwalch-(Jhtt.) 1119
Kaindlhütte 1293
Steinbergalm
Hochegg
Riegersteig
Scheffauer 2111
Widauersteig
Hackenköpfe 2125
Wiesberg
Muttergries
Sonnenstein 1714
Kaiser-Hochalm
Jägerbrünnl
Zettenkaiser 1968
Grübler Kaiser
Veitskirche
Wilder-Kaiser-Steig
In der Hochat
Jägersteig
Steiner-Hochalm
Grüblerschrofen
Kaiseralm 1146
Kaiseregg
Höhenweg
Steiner-Niederalm
Kaiser-Niederalm
Wegscheid-Niederalm
Hinterschießlingalm
Seestüberl
St.Leonhard-Kapelle
Bärnstatt
Hinterleiten
Schöss
Hintersteiner See (882)
Beinstingl
Schönbichl

19. Scheffauer – Sonneck, 2260 m

Knackige Überschreitung für Konditionsstarke

Ausgangspunkt: Bergstation Brentenjoch, 1230 m (Parkplatz bei der Talstation der Sesselbahn Wilder Kaiser) | **Charakter:** Sehr lange und anstrengende Tour mit etlichen mehr oder weniger gut gesicherten Passagen. Nur für Erfahrene! | **Einkehr:** Kaindlhütte, Anton-Karg-Haus (Übernachtung) | **Karte:** KOMPASS Nr. 9, Nr. 09 (1:30.000)

Schwer | 24 km | 1680 hm / 2440 hm | 12 Std.

Diese Tour ist nur für wirklich konditionsstarke und ausdauernde Geher gedacht, denn nach der kräftezehrenden Doppelüberschreitung und dem anstrengenden Abstieg über den Güttlersteig steht noch – falls man nicht in Hinterbärenbad übernachtet – der lange Rückmarsch über den Kaisertalweg zum Ausgangspunkt in Kufstein an. Vor allem ist auch zu berücksichtigen, dass man erst ab 9.00 Uhr bei der Bergstation Brentenjoch losmarschieren kann, so dass man auf jeden Fall für die Schlussetappe schon mit der einfallenden Dunkelheit rechnen muss. Die Mitnahme einer Stirnlampe ist zu empfehlen.

Vom **Brentenjoch** über die **Kaindlhütte** und den Widauersteig wie bei Tour 18 auf den **Scheffauer**.

Beim **Abstieg** folgen wir dem markierten Weg nach Scheffau. Nach mehreren steilen Passagen (ohne Sicherungen), die relativ steinschlaggefährdet und bei Nässe sehr unangenehm sind, gelangen wir zu einem bauchigen Überhang, den wir unterqueren und über eine glatte, mit Drahtseil gesicherte Stelle weiter nach unten steigen. Man quert nun links am Berghang entlang, der Latschenbewuchs nimmt zu, und nach einem Felsdurchschlupf geht es wieder steiler hinab bis man die **Abzweigung zur Kaiser-Hochalm** erreicht. Man schwenkt um den Bergrücken herum und sieht die **Kaiser-Hochalm** vor sich, ebenso wie den weiteren Anstiegsweg hoch zum Sonnenstein und Kopfkraxen. Kurz bevor man die Alm erreicht, führt links ein unbezeichneter Pfad hoch.

Wie der Abstieg vom Scheffauer ist auch der nun folgende Aufstieg voll der Sonne ausgesetzt und führt mühsam und kehrenreich, teilweise auch recht steil über Geröll aufwärts. Unterbrochen durch mehrere grüne Absätze steigt man in felsigen Rinnen und über Serpentinen bis zum

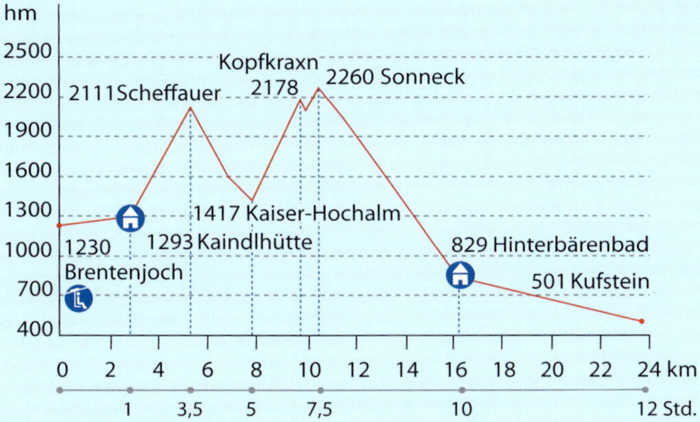

Grat empor, von wo aus sich ein schöner Ausblick ins jenseitige Kaiserbachtal ergibt.

Leicht ansteigend geht es am anfangs begrasten Kamm entlang weiter, der allmählich schmaler wird und dann in eine Senke abbricht (Drahtseilsicherung). Am anderen Ende steigt man wieder an und geht zum metallenen Gipfelkreuz des **Sonnecks** hoch.

Ein kurzes Stück zurück weisen rot-weiße Markierungen nach rechts hinab. Direkt auf ein Felsköpfl hin absteigend, dann rechts ausweichend beginnt man im Abstieg die Schutthalde nach rechts zu queren. Etliche glatte Platten sind zu überwinden (bei Nässe unangenehm!), die angebrachten Sicherungen sind teilweise schadhaft und mit Vorsicht zu verwenden. Ein (meist noch vorhandenes) Schneefeld umgeht man rechts, quert weiter rechtshaltend über Geröllserpentinen hinab und erreicht so schließlich den Latschenwald. An geneigten Felsplatten entlang geht es hinunter bis zu einer kleinen Gegensteigung (schöner Ausblick; Schild am Baum: „Gütlersteig/Sonneck").

Auf vielen Serpentinen im Wald weiter hinab bis zur Verzweigung mit dem **Bettlersteig**. Über steile Holzstufen, einen Bach (mit neuer Metallleiter) zweimal überquerend folgt man der nun häufiger auftauchenden Markierung „Hinterbärenbad" und gelangt nach mehrmaligem Auf und Ab schlussendlich zum **Anton-Karg-Haus** in **Hinterbärenbad**.

Hier muss man sich entscheiden, ob der Rückweg nach Kufstein zeitlich noch machbar ist, denn 2 Stunden muss man dafür einrechnen, auch wenn auf dem breiten Kaisertalweg keine großen Höhenunterschiede mehr zu bewältigen sind, mit Ausnahme der letzten steilen Abwärtsstufen.

KUFSTEIN
START
Sparchen
Eichelwang
Mitterndorf
Kufstein-Nord
Duxeralm
Weinbergerhaus (Brentenjochhütte)
Brentenjoch
Brentenjochalm
Aschenbrennerhaus
Theaterhütte
Tischhoferhöhle
Pfandlhof
Berghof Enzian
Veitenhof
Hinterduxer Hof
Duxer Köpfl
Vorderdux
Kienbergklamm
Waldkapelle
Festung Kufstein
Zettenkaiserkopf
Winterkopf
Köllenbergkopf
Hochegg
Duregg
Walleralm
Stöffelhütte
Hintersteiner See
Eibergkopf
Eiberg
Seespitz
Seestüberl
Schanz
Rogerkopf
Lahnkopf
Teufelskanzel
Moosbeerkopf
Egerbachalm
Baumannalm
Hochwacht
Adlerweg
Panoramaweg
Schneerosenweg
Wilder-Kaiser-Steig
Grenzenlos Wanderweg

0 500 m

Pyramidenspitze
Zahmer Kaiser
Peterskōpfl
Vorderkaiserfeldenhütte 1388
Vord.-Steingrube
Hint.
Vordere-Kesselschneid
Hintere
Untere Hinterkaiserfeldenalm 1480
Höhenweg
Hölle
Kegelboden
Kaiserquelle
Bärentaler Wände
Bödenalm
Hinterkaiser
Naturschutzgebiet Kaisergebirge
Sparchenbach
Hechleitalm
Kerneckhütte (Jhtt.) 1047
Ropanzen 1572
Klaushütte (Jhtt.)
Feldalmer Graben
Längegg
Jhtt. 751
Ansengraben
Jägertal
Straßwalchgraben
Anton-Karg-Haus (Hinterbärenbad)
Hans-Berger-Haus (Kaisertalhaus) 936
Jagabründl
Taxköpfl
Brandkogel 1411
Gütllersteig
Bettlersteig
Straßwalch- (Jhtt.) 1119
Grobtal
Totensessel 1746
Kleines Halt
Talofen
Steinbergalm
Gamskarköpfl
Scharlinger Boden
Wiesberg
Sonneck 2260
Ellmau
Kopfkraxen
Hackenköpfe
Babenstuberhütte
Muttergries
Scheffauer
Widauersteig
Wilder
Schneekar
Sonnenstein 1714
Treffauer 2304
Kaiser-Hochalm
Adlerweg
Höhenweg
Veitskirche
Tuxeck 2226
Kaiseregg
Wegscheid-Hochalm
Schutterfeldkopf
Steiner-Hochalm
Kaiseralm 1146
Lenggries
Jägersteig
Wilder-Kaiser-Steig
Adlerweg
Gamsstein
Krummbach
Steiner-Niederalm
Kaiser-Niederalm
Wegscheid-Niederalm
St.Leonhard-Kapelle
Bärnstatt
Hinterschießlingalm
Schöss
Hinterleiten
Schönbichl 1196

20. Stripsenjochhaus, 1577 m

Zur Schaukanzel im Kaisergebirge

Ausgangspunkt: Kufstein/Eichelwang, 501 m (gebührenpflichtiger Parkplatz gegenüber dem Einstieg zum Kaisertalweg bzw. bei der Talstation der Sesselbahn Wilder Kaiser) | **Charakter:** Anfangs steiler Treppenaufschwung, dann bequemer und breiter Wanderweg, ab dem Hans-Berger-Haus wieder steiler, teils über schön angelegte Stufen | **Einkehr:** Veitenhof, Pfandlhof, Anton-Karg-Haus, Hans-Berger-Haus, Stripsenjochhaus
Karte: KOMPASS Nr. 9, Nr. 09 (1:30.000)

Leicht | 24 km | 1080 hm / 1080 hm | 7 Std.

Das Stripsenjochhaus ist einer der beliebtesten Treffpunkte im Wilden Kaiser und Ausgangspunkt für viele Unternehmungen, die eine Übernachtung erfordern (siehe Tour 33 und 34). Neben dem mautpflichtigen Schnellzugang über die Griesner Alm bietet sich der zwar erheblich längere, aber beeindruckende Anmarsch auf dem Kaisertalweg an. Langsam nähert man sich dem Felspanorama der Kaiserberge, findet stets neue Fotomotive und braucht sich auch um das leibliche Wohl keine Sorgen zu machen, denn der Weg ist gut ausgestattet mit Einkehrmöglichkeiten.

Am **Eingang** des Kaisertalweges informiert uns eine große Tafel über sämtliche Wanderwege und Einkehrmöglichkeiten der Umgebung. Die ersten Höhenmeter bringt man auf breiten Stufen recht steil und flott hinter sich, dann wandert man auf einem breiten Fahrweg gemütlich und fast eben dahin. Vorbei am Veitenhof, der Abzweigung zur Vorderkaiserfeldenhütte und dem **Pfandlhof** kann man sich entscheiden, ob man auf dem neuen Kaisertalweg bleibt oder ob man die nur unerheblich längere Variante über die als Aussichtsplatz sehr beliebte **Antoniuskapelle** (Schild links hoch) nimmt.

Bei der Klaushütte treffen die beiden Wege wieder aufeinander und am Karg-Gartl vorbei erreicht man bald darauf das sehr schön gelegene **Anton-Karg-Haus** in **Hinterbärenbad**. Besonders die Kleine Halt ist von hier aus ein ausgezeichnetes Fotomotiv.

Nur 20 Minuten später gelangen wir auf leicht ansteigendem Weg zum **Hans-Berger-Haus** (auch **Kaisertalhaus**) mit der berühmten

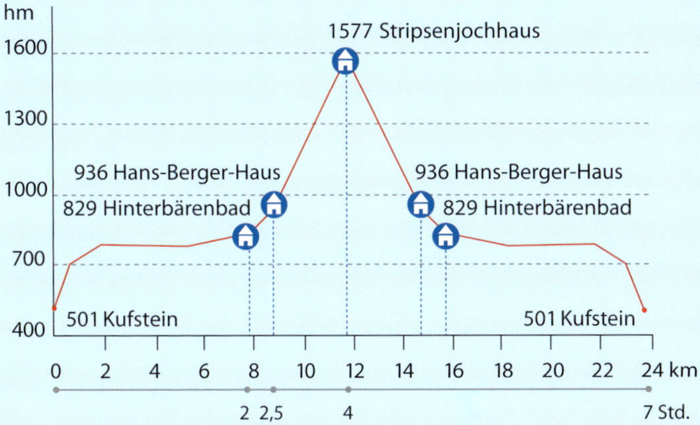

Bergsteigerschule Wilder Kaiser. Der Weg führt hinter dem Haus hoch in den Wald (Markierung 801 Richtung Stripsenjoch), überquert den Fahrweg und wird steiler. Über viele künstlich angelegte Stufen gewinnt man rasch an Höhe, passiert das Jagerbrünndl (links am Weg) und den Abzweig rechts, der über das Kopftörl zur Gruttenhütte führt. Man erreicht eine weitere Verzweigung, ein Schild weist links hinauf zum Stripsenjoch; wir bleiben aber auf dem Hauptweg, der in einer Rechtskehre einen Graskopf umrundet. Nun wird zum ersten Mal das Stripsenjochhaus sichtbar. Die letzten Kehren werden wieder etwas steiler, dann ist unser Ziel, das einmalig aussichtsreiche **Stripsenjochhaus** erreicht.

Einer der wohl aussichtsreichsten und zentralsten Punkte im Kaiser: das wunderschön gelegene, legendäre Stripsenjochhaus.

KOMPASS

0 500 m

Zahmer Kaiser
Naturschutzgebiet Kaisergebirge
Einserkogel 1924
Elferkogel
Zwölferkogel
Pyramidenspitze 1997
Jofenspitze 1890
Winkelalm
Jöchl (Heubergsattel)
Hageralm
Jöchalm
Winkelkar
Vordere- Kesselschneid 2001
Hintere- 1995
Rosskaiser 1970
Vord.-Steingrube
Hint.
Untere Hinterkaiserfeldenalm 1480
Öchselweidkar
Gr. Kessel
Kleinmoosenalm 1383
Schnapf
Kaiserquelle
Höhenweg
Bärentaler Wände
Hochalm 1403
Feldalm 1302
Hechleitalm 932
Klaushütte (Jhtt.)
Kerneckhütte (Jhtt.) 1047
Bärental
Feldalmer Graben
Ropanzen 1572
Tristecken 1710
Feldalmsattel
1433
1627 Wiesensa
Längegg
Jhtt. 751
E4
1402
Straßwalchgraben
Stripsenkopf 1807
Anton-Karg-Haus (Hinterbärenbad)
Hans-Berger-Haus (Kaisertalhaus)
Stripsenjoch
Stripsenjochh 1577
Jagabründl
801 (alpin)
01
Jhtt
Bettlersteig
Güttlersteig
Eggersteig
Westwandweg
1119 Straßwalch- (Jhtt.)
Grobtal
2040
Totensessel 1746
Hoher Winkel
Totenkirchl 2190
Fleischbank
Kleines Halt 2116
Hintere- Karlspitze 2281
Kaiserschützen-Klettersteig
Gamskar
Gamskarköpfl 2040
Scharlinger Boden
Gamshalt 2291
Wiesberg
Kopfkraxen
Sonneck 2260
Ellmauer Halt 2344
Kopftörl 2058
Hackenköpfe 2125
1998
Muttergries
2178
Babenstuberhütte
Gamsänger
2028
Wilder Kaiser
Schneekar
Rote-Rinn-Scharte
Köpfl
Sonnenstein 1714
Kaiserkopf 2171
Hochgrubach
Treffauer 2304
Kaiser-Hochalm
Adlerweg
WKS Höhenweg
Tuxeck 2226
1620 Gruttenhütte
Gruttenweg
Grutt 1584
Wilder-Kaiser-Steig
Kaiseregg
Kaiseralm 1146
1212 Wegscheid- -Hochalm
Lenggries
Schutterfeldkopf 1962

21. Sonneck, 2260 m

Bequeme Almwanderung und steile Gipfeltour

Ausgangspunkt: Jagerwirt, 883 m (mit Pkw erreichbar, Parkmöglichkeit) | **Charakter:** Teils steile, schottrige Anstiegspfade, am Grat Drahtseilsicherung. Trittsicherheit und Kondition ist gefragt. Getränke nicht vergessen! | **Einkehr:** Wegscheidalm; Brunnen bei der Kaiser-Hochalm | **Karte:** KOMPASS Nr. 9, 09 (1:30 000)

Mittel | 10,5 km | 1470 hm / 1470 hm | 7 Std.

Bis zur Kaiser-Hochalm, einer Station am von Kufstein nach St. Johann verlaufenden Wilden-Kaiser-Steig, handelt es sich um eine eher beschauliche Almwanderung, dann aber wird es zu einer recht schweißtreibenden Angelegenheit, die außerdem achtsames und sauberes Gehen erfordert, damit keine Nachsteigenden durch Steinschlag gefährdet werden.

Wir wandern vom **Jagerwirt** auf der Forststraße (Schranke) eben Richtung Norden, überqueren den Bach und erreichen zum Schluss leicht ansteigend in gut 20 Minuten Gehzeit die während der Saison privat bewirtschaftete Wegscheidalm. Wir verlassen die Straße und halten uns – der Markierung Scheffauer folgend – geradeaus. Wir überqueren bei einem Steg den Bach (nach links) und wandern auf die bereits sichtbare Schießlingalm zu. Dort halten wir uns wieder rechts und folgen dem gut sichtbaren Weg, der uns zur höher gelegenen **Kaiser-Hochalm** bringt.

Wir folgen dem Weg links am Almgebäude vorbei ein paar Meter, bis rechts ein nicht bezeichneter Pfad abweicht, der uns an den Fuß des **Sonnensteins** bringt.

Der schattenlose Anstiegsweg führt rechts um den Sonnenstein herum und in sehr steilen, geröligen Kehren direkt an den Felsen entlang hoch. Nach dieser mühsamen Passage erreicht man eine grüne Kuppe, steigt wiederum sehr steil durch Latschen zu einem weiteren Absatz hinauf, dort folgt eine felsige Rinne und anschließend warten wieder mühsame Serpentinen, bis man schließlich den Grat erreicht (mit einem herrlichen Ausblick ins gegenüberliegende Kaiserbachtal).

Man folgt dem jetzt nur noch leicht ansteigenden Kamm, der ausgesetzter und schmaler wird, und dann plötzlich in eine Senke

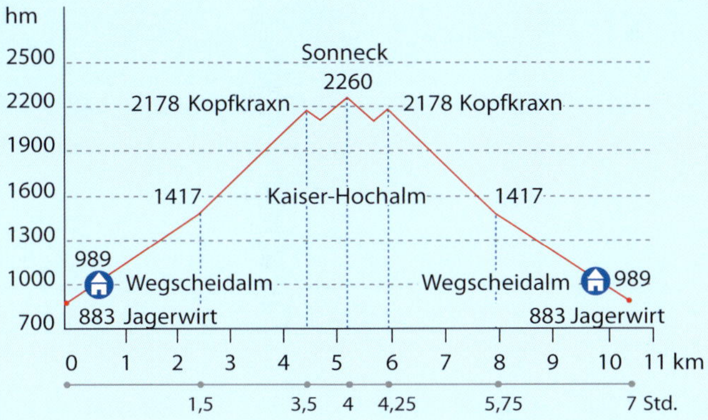

abbricht. Hier leisten Drahtseile gute Dienste und helfen uns ein paar Höhenmeter hinab.

Auf der gegenüberliegenden Seite steigt man von der Senke aus wieder am Grat weiter hoch und gelangt schließlich – an einer meist noch schneegefüllten Mulde vorbei – zum Gipfelkreuz des **Sonnecks**.

Der **Abstieg** verläuft über den Anstiegsweg. Vorsicht ist wieder angesagt – und vor allem das Vermeiden von Steinschlag ist bei den Schotterpassagen auch im Abstieg geboten.

Über den begrasten, eher harmlosen Rücken (rechts) verläuft unser Anstiegsweg zum Sonneckgipfel.

KUFSTEIN
499
Kienbergklamm
Kienbach
Festung Kufstein
Kienberg-klamm
698
Waldkapelle
MITTERNDORF
310
Duxeralm
897
814
Adler-weg 2,814
Moosbeerkopf
1183
Gamskogel
1449
1272
Brentenjoch
Weinbergerhaus (Brentenjochhütte)
Brentenjochalm
Aschenbrennerhaus
1135
Panoramaweg
Plattengraben
Mitterndorfer B.
Kalkgraben
658
Hochwacht
Egerbachalm
1140
Baumannalm
Steinberg
1143
Schneerosenweg
Grüner Graben
N S G
Stadtberg
Geisbachtal
Geisbach
Kaindlhütte
1293
Adler-weg
Rodelhütte (Jhtt.)
1226
Winterkopf
Hochegg
Duregg
1312
Riegersteig
Köllenbergkopf
1107
Walleralm
1199
827
Jägerbrünnl
1749
1968
Stöffelhütte
Zettenkaiserkopf
1609
Grübler Kaiser
Sonnberg
Haberg
638
Höllentalgraben
823
Adler-weg
Jägersteig
681
Köllenberg
Rehersteig
Wilder-Kaiser-Steig
WKS
775
Reher
Rehaug
schwend
Adler-weg
In der Hochat
Eiberg
Schmiedl
Aßmann
669
Reherbach
Hölzentalalm
Hintersteiner Tal
Grüblerschneid
Steigenwand
1089
Eibergkopf
Soier
822
Bichl
892
Grübler
Seestüberl
918
St. Leonhard
822
Seespitz
Hintersteiner See
(882)
Steinerne Stiege
Kraftw.
Steinbruch
Hagenhof
Maier
Gongstätt
Seeweg
998
Hintermatzing
Hinterstein
1048
884
Seebach
Greidern
Tischleralm
Achleitnerkogel
1229
Greidernberg
Hinter-Grub
Vorder-
888
606
Hoheneiberg
800
58
54
Lengfeldenalm
56
Endtal
965
Alpengasthof Achleiten
831
Seebach
Pölven-Rundweg
Fieggen
Café Rosemarie
Pölvensteig
Stegen
Achleiterberg
Erlberg
Wurzach
Neuhofen
Erlach
Haberland
606
Obersteegen
57
648
Kläranlage
Weißache
Endfelden
178
Pölvenau
Pölven
Bienenwelt
Bocking
17
14
Stockach
Hatten
Bocking
Rückstegen
173

Jhtt. 751
E4
96 835
827
1402
821,827
829
Anton-Karg-Haus
(Hinterbärenbad)
96 801
Hans-Berger-Haus
(Kaisertalhaus)
936
01 E4
Jagabründl
801 (alpin)
Stripsenjo
Jhtt.
Taxköpfl
Straßwalchgraben
Ansengraben
Brandkogel
1411
Bettlersteig
Gföllersteig
827
1119
Straßwalch-
(Jhtt.)
Talofen
Grobtal
2040
Totensessel
1746
Hoher Winkel
Kleines Halt
2116
Kaiserschützen-
Klettersteig
Gamskarköpfl
Scharlinger Boden
Gamshalt
2291
Gamskar
Wiesberg
Kopfkraxen
Sonneck
2260
Ellmauer Halt
2344
Babenstuberhütte
Hackenköpfe
1998
2178
2125
Muttergries
W i l d e r
Schneekar
Rote-Rinn-Scha
2171
Widauersteig
Sonnenstein
1714
Kaiserkopf
Treffauer
2304
Kaiser-Hochalm
Veitskirche
Adlerweg
WKS
Höhenweg
Tuxeck
2226
Kaiseregg
Wilder-Kaiser-Steig
821,823
1257
Steiner-
Hochalm
Kaiseralm
1140
1212
Wegscheid-
Hochalm
1962
Schutterfeldkopf
Lenggries
Grutten
weg
Steiner-
Niederalm
Kaiser-
Niederalm
Hinter-
schießlingalm
Wegscheidb.
Wegscheid-
Niederalm
Adlerweg
Gamsstein
Krummbach-
egg
Höhenweg
Wilder-Kaiser-Steig
Adler-
weg
Hinterleiten
Schöss
1196
Schönbichl
Riedlhütte
1224
1038
338
822
Treffern
1170
Buchauer Alm
Jhtt.
Hörl
Schießling
Jagerwirt
START
Egglern
Biedringer-Alm
Biedringer Platte
Rehbachklamm
816
Kaisern
Chaletdorf
Leitenhof
Steinacker
Gregglberg
Lechner
Auchbach
Scheffau
am Wilden Kaiser
745
Haflingertränke
882
Otting
Widauer
838
Duchau
Biedring
Föhren-
wald
Großhorngach
Auwald
Ellmauer Kaiserbad
Kohlstatt
Nieder-
achen
Oberachen
Wimr
Ringweg
Wilder Kaiser
740
680
Waldhof
Ralser
Ellmauer Hof
Messerschmied-
alm
Stein. Tisch
777
Hausb
Waldegg
Auwinkel
Golfplatz
Wilder Kai
Schattseite
Golfplatz
Clubhaus
Ell
Egg
Hasenberg
Tiefenbach
804

22. Scheffauer, 2111 m

Die Variante von Süden

Ausgangspunkt: Gasthof Bärnstatt, 918 m (mit dem Pkw auf der Straße zum Hintersteiner See erreichbar, Parkplätze) | **Charakter:** Im ersten Abschnitt bequemer Wald- und Wiesenpfad, dann folgen latschenbewachsene Rinnen und zum Schluss mehrere steile, teilweise nur dürftig gesicherte und steinschlaggefährdete Aufschwünge. Trittsicherheit und Schwindelfreiheit erforderlich. Bei Nässe nicht zu empfehlen | **Einkehr:** Nur am Ausgangsort | **Karte:** KOMPASS Nr. 9, Nr. 09 (1:30.000)

Mittel | 8 km | 1210 hm / 1210 hm | 5,75 Std.

Der Anstieg von Süden auf den Scheffauer ist voll der Sonne ausgesetzt. Das sollte man berücksichtigen und Startzeit sowie Getränkevorrat entsprechend planen.

Direkt neben der weißen **Kapelle** weist uns ein Schild den Weg Richtung Scheffauer. Zuerst geht es bequem durch den Wald in angenehmer Steigung hoch. Bei einer Tafel halten wir uns links und wandern in weiten Serpentinen über den Wiesenhang zu einem Sattel hinauf. Man hält sich wieder links und hat bald darauf die **Steiner-Hochalm** erreicht. Schöne Aussicht hinüber zur Hohen Salve. An der Alm vorbei geht es zunächst geradeaus weiter, dann leicht rechts durch den Wald gelangen wir zu einem breiten Geröllfeld. Diese Schuttreisen aufwärts querend stoßen wir auf die Wegverzweigung zur Kaiser-Hochalm. Wir halten uns links und nun über steile latschenbewachsene Rinnen zu grünen Absätzen. Nach einer Felsspalte quert man an der Felswand entlang weiter am Berghang entlang in westlicher Richtung und stößt auf eine drahtseilgesicherte glatte Platte. Unter einem bauchigen Felsüberhang hindurch und mehrere recht steile Rinnen hinauf – teilweise ohne Sicherungen, dafür geröllig und relativ steinschlaggefährdet! Bei Hitze ist dieser Abschnitt sehr schweißtreibend, bei Nässe wegen der großen Rutschgefahr allerdings überhaupt nicht zu empfehlen.

Endlich hat man einen weiteren Grassattel erreicht, hier mündet auch der Anstiegsweg über den Widauer Steig ein, und gelangt nach wenigen Minuten zum kreuzgeschmückten **Gipfel** und zu einem herrlichen Panorama.

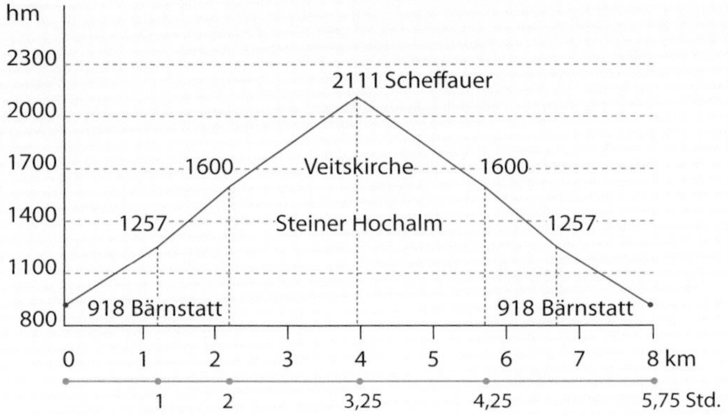

Tiefblick vom Scheffauer zum Hintersteiner See und zum felsigen Gipfelkopf des Pölven.

KUFSTEIN
Zeller Berg
Kloster Kleinholz
Festung Kufstein
Kienbergklamm
Waldkapelle
MITTERNDORF
Duxeralm
Weinbergerhaus (Brentenjochhütte)
Aschenbrennerhaus
Riedel Glasmuseum Schaubläserei
ENDACH
WEISSACH
Hochwacht
Hörfing
GLEMM
Kalkgraben
Plattengraben
Mitterndorfer B.
Schneerosenweg
N S G
Gaisbach
Locherer Kapelle
Rodelhütte (Jhtt.)
Winterkopf
Winterkopfhütte (Jhtt.)
Ernsberg
Wilder-Kaiser-Steig
Wöhrerköpflsteig
Höhenweg
Raststätte Luise
Russland
Haberg
Egerbach
Sonnberg
Köllenbergkopf
Höllentalgraben
Walleralm
Stöffelhütte
Adlerweg
Reheresteig
Zementwerk
Eiberg
Köllenberg
Reher
Rehaug
schwend
Reherbach
Ried
Wies-häusl
Am Bach
Osterndorf
Schmiedl
Aßmann
Sonnerer
Schwoich
Schottergr.
Steinbruch
Kraftw.
Steigenwand
Eibergkopf
Steinerne Stiege
Seespitz
Gaingstätt
Maier
Hagenhof
Hinterstein
Himberger B.
Gasserole
Freibauer
Unter-Himberg
Ober-daxenbach
Hintermatzing
Amberg
Widschwenter Alm
Hochfeldalm
Tischleralm
Achleitnerkogel
Hoheneiberg
Aufing
Peppenau
Lengfeldenalm
Schwoicher Bach
Endtal
Fieggen
Pölven-Rundwanderweg
Pölven-Rundweg
Pölvensteig
Stegen
Achleit
Haberland
Oberstegen
Kläranlage
Pölvenau
Kleiner Pölven
Prof.-Simwet-Klettersteig
Stocka
Rückstegen
KOMPASS
0 500 m

Moosbeerkopf
1183
Gamskogel
1449
Taxköpfl
Straßwalchgraben
Jhtt. 751
E4
Anton-Karg-Haus
(Hinterbärenbad)
829
821,827
Brentenjoch
Brentenjochalm
814
Adler-
weg
Brandkogel
1411
Güttlersteig
Bettlersteig
Egerbachalm
1140
Steinberghütte
Baumannalm
827
1119
Straßwalch-
(Jhtt.)
Bettlersteig
Talofen
Kaindlhütte
1293
Steinbergalm
Adler
weg
Hochegg
Wiesberg
Gamskar
Kopfkraxen
Hackenköpfe
1998
2125
Muttergries
Rieger
steig
Scheffauer
Widauersteig
Wild
Sonnenstein
1714
1968
2111
Jägerbrünnl
1749
Zettenkaiser
kaiserkopf
1609
Grübler Kaiser
Kaiser-Hochalm
Veitskirche
Adler
weg
WKS
Höhenweg
823
Wilder-Kaiser-Steig
Kaiseregg
In der Hochat
Jägersteig
WKS
1257
Wilder-Kaiser-Steig
821,823
Kaiseralm
1146
1212
Wegsche
-Hochalm
Lenggries
Steiner
Hochalm
Grüblerschrofen
Höhenweg
821
Adlerweg
Steiner-
Niederalm
Kaiser-
Niederalm
Wegscheid-
Niederalm
Soier
822
Bichl
Grübler
892
Seestüberl
START
St.Leonhard-Kapelle
Bärnstatt
Hinter-
schießlingalm
steiner See
(882)
1196
Schönbichl
Schöss
821
822
Hinterleiten
1038
998
Beinstingl
Steiner
Hörl
338
822
Treffern
Stein
58
884
Schießling
Jagerwirt
Rezbachklamm
Egglern
Kaisern
Greidern
816
Hinter-
Grub
Gaisberg
Chaletdorf
Leitenhof
Steinacker
338
lernberg
Vorder-
Recher
Scheffau
am Wilden Kaiser
Greggiberg
745
826
Vögeihof
Ötting
814
831
Fögl
830
Nieder-
scheffau
Seebach
Großhorngach
Buchau
Café Rosemarie
Kohlstatt
Erlberg
Blaiken
Wurzach
Nieder-
achen
Oberachen
Neuhofen
Erlach
Blaiken
Wilder Kaiser
680
Waldhof
Ralser
Messerschmied-
alm
648
Weißache
178
Endfelden
Alpenblick
Waldegg
Auwinkel
Tiefenbach
Schattseite
Bienen-
welt
Hatten
Bocking
Bocking
Bärbichl
9,16
1,30
Egg
Hasenberg

23. Gruttenhütte – Gaudeamushütte

Hüttenwanderung mit Panoramablick

Ausgangspunkt: Wochenbrunner Alm, 1087 m (gebührenpflichtige Zufahrtsstraße, Parkplätze) | **Charakter:** Bequeme Wanderwege, nur der „Klamm"-Steig verlangt Trittsicherheit und sollte nur bei trockenem Wetter begangen werden | **Einkehr:** Wochenbrunner Alm, Gruttenhütte, Gaudeamushütte | **Karte:** KOMPASS Nr.Nr. 9, Nr. 09 (1:30.000)

Leicht | 4,5 km | 540 hm 540 hm | 2,75 Std.

Es müssen nicht immer spektakuläre Gipfelziele und schwierige Anstiegsrouten der Grund sein, wenn Berggeher von einer schönen Tour sprechen. Unsere Hüttenwanderung ist bis auf den Übergang im Klamml, wo man auch die Hände zu Hilfe nimmt, keine alpine Herausforderung, aber sie ist ein sehr aussichtsreiche Höhenwanderung, die das Kaisergebirge sehr eindrucksvoll zur Geltung bringt und gleichzeitig wunderschöne Ausblicke auf die umliegende Bergwelt erlaubt. Dass alle Stationen mit einer einladenden Hütte besetzt sind, tut der Attraktivität dieser Wanderung keinen Abbruch.

Am Klamml muss man kurz die Hände zu Hilfe nehmen.

Von der **Wochenbrunner Alm** gelangt man zuerst durch Wald und dann auf einem bequemen Weg hinauf zu einem weitflächigen Schuttkar. Man quert dieses nach rechts aufwärts und gelangt nach etlichen weitausholenden Serpentinen schließlich auf einen Wiesensattel, von wo aus man in wenigen Minuten die bereits sichtbare, sehr aussichtsreich gelegene **Gruttenhütte** erreicht.

Auf dem Anstiegsweg von der Wochenbrunner Alm ein Stück zurück, dann links abbiegend (Tafel)

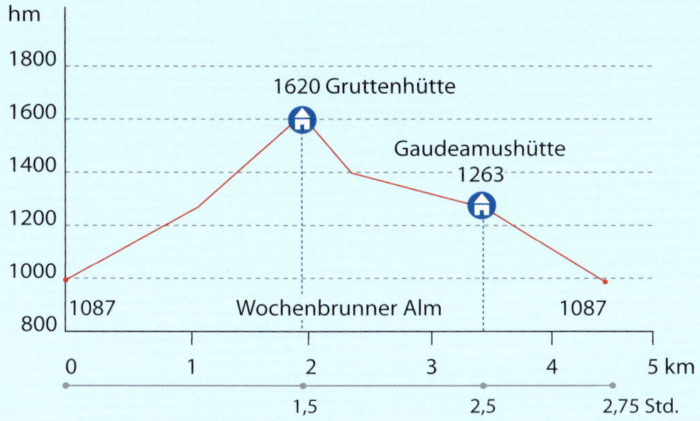

über einige recht steile Kehren hinab bis zu einer Felsscharte. Es folgt das felsige, mit Eisenbügeln ausgestattete **Klamml**, eine kaminartige Verengung – sozusagen die Schlüsselstelle der Wanderung. Weiter geht es eine Rinne entlang und im Zickzack steil abwärts bis man durch lichten Wald hindurch auf den Weg Gaudeamushütte – Ellmauer Tor trifft. Hier folgt man der Markierung nach rechts und wandert auf dem breiten Wanderweg in südlicher Richtung zur bereits sichtbaren **Gaudeamushütte** hinab.

Auch der weitere Rückweg zur **Wochenbrunner Alm** ist ein problemloser breiter Wanderweg, der zuerst über grasige Almhänge, dann durch Wald hinab führt.

Eine hervorragende Aussichtskanzel: die Gruttenhütte.

Gamskogel
1449
Taxköpfl
Straßwalchgr
Anton-Karg-Haus
(Hinterbärenbad)
821,827
829
entenjoch
entenjochalm
814
Adlerweg
Brandkogel
1411
Egerbachalm
1140
aumannalm
Steinberghütte
Bettlersteig
827
Gütllersteig
821
1119
Straßwalch-
(Jhtt.)
Grobtal
Talofen
Kaindlhütte
1293
97
Steinbergalm
Gamskar
Wiesberg
Kopfkraxen
1998
Hackenköpfe
2178
2125
Muttergries
Hochegg
Rieger-
steig
98
Scheffauer
Widauersteig
W i l d
Jägerbrünnl
1749
1968
2111
Sonnenstein
1714
aiserkopf
1609
Grübler Kaiser
Zettenkaiser
826
Kaiser-Hochalm
Veitskirche
WKS
Höhenweg
823
Wilder-Kaiser-Steig
In der Hochat
Kaiseregg
Jägersteig
1257
Kaiseralm
1146
1212
Wegscheid-
Hochalm
Steiner-
Hochalm
Lenggries
Grüblerschrofen
Soier
822
Bichl
Grüblern
Adlerweg
Steiner-
Niederalm
Kaiser-
Niederalm
Wegscheid-
Niederalm
Seestüberl
892
918
St. Leonhard-Kapelle
Hinter-
schießlingalm
einer See
82)
Bärnstatt
Schöss
Hinterleiten
1038
1196
Schönbichl
998
Beinstingl
Steiner
338
Treffern
Stein
Seebach
Hörl
Schießling
884
58
Jagerwirt
Greidern
816
Egglern
Kaisern
Hinter-
Grub
G a i s b e r g
Chaletdorf
Leitenhof
Steinacker
rnberg
Vorder-
Recher
Rezhbachklamm
Scheffau
am Wilden Kaiser
Greggiberg
826
745
Halling
882
Vögelhof
Ötting
814
838
Fögl
831
gasthof
Nieder-
scheffau
Großhorngach
Buchau
Seebach
Auwald
Café Rosemarie
Erlberg
Blaiken
Kohlstatt
Wurzach
Nieder-
achen
Oberachen
Neuhofen
Erlach
Blaiken
Wilder Kaiser
648
680
Waldhof
Ralser
Messerschmied-
alm
Weißache
178
Endfelden
Alpenblick
Waldegg
Auwinkel
Tiefenbach
Schattseite
Bienen-
welt
Bocking
Hatten
Bärbichl
Egg
Hasenberg
Bocking
9,16
Weingrub
Sill
Oberberg
Oberberg

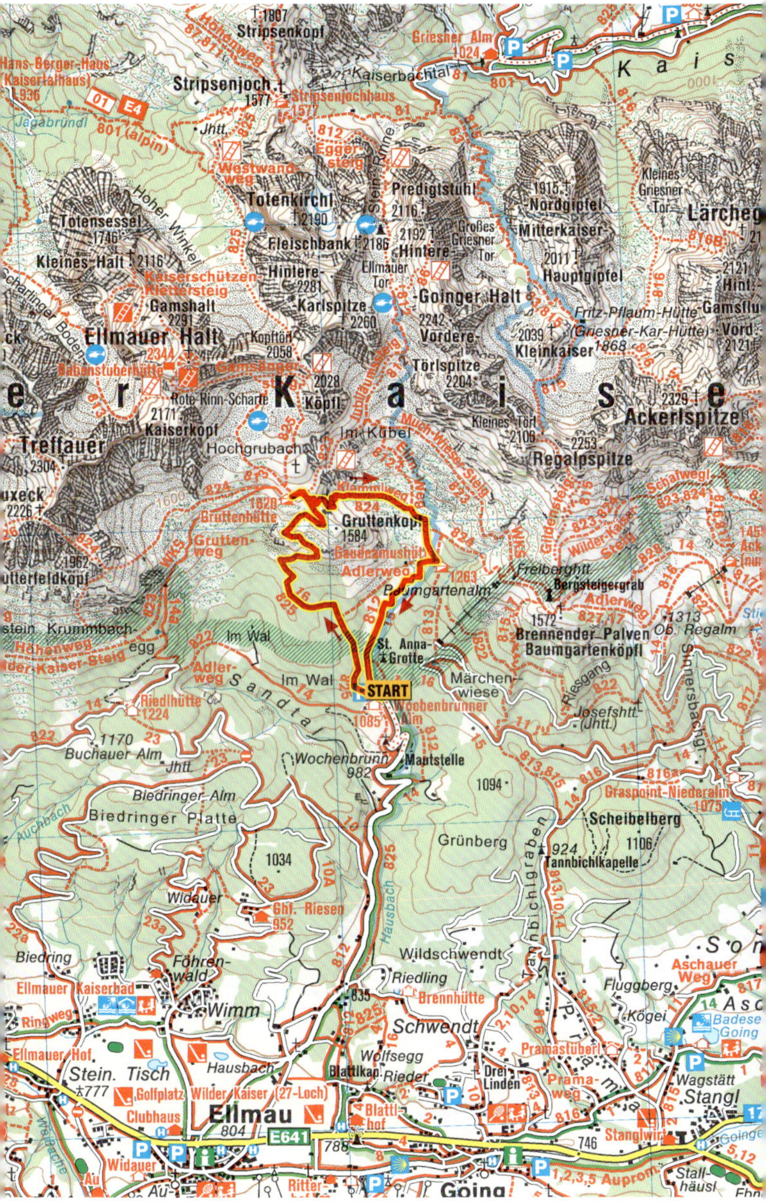
Stripsenkopf
Hans-Berger-Haus (Kaiseraltalhaus)
Griesner Alm
Stripsenjoch
Stripsenjochhaus
Kaiserbachtal
Jagabründl
801 (alpin)
Eggersteig
Westwandweg
Totenkirchl
Predigtstuhl
Nordgipfel
Totensessel
Fleischbank
Hintere
Mitterkaiser
Kleines Halt
Kaiserschützen-Klettersteig
Hintere Karlspitze
Goinger Halt
Hauptgipfel
Gamshalt
Fritz-Pflaum-Hütte (Griesner-Kar-Hütte)
Ellmauer Halt
Kopftörl
Vordere Törlspitze
Kleinkaiser
Babenstuberhütte
Gamsängersteig
Rote Rinn-Scharte
Köpfl
Ackerlspitze
Kaiserkopf
Im Kübel
Kleines Törl
Treffauer
Hochgrubach
Regalpspitze
Gruttenhütte
Gruttenkopf
Gruttenweg
Gaudeamushütte
Adlerweg
Baumgartenalm
Freiberghtt.
Bergsteigergrab
Brennender Palven
Baumgartenköpfl
Regalm
St. Anna-Grotte
Märchenwiese
START
Wochenbrunner Alm
Riedlhütte
Sandtal
Buchauer Alm
Wochenbrunn
Mautstelle
Josefshtt. (Uhtt.)
Graspoint-Niederalm
Biedringer-Alm
Biedringer Platte
Grünberg
Scheibelberg
Tannbichlkapelle
Widauer
Ghf. Riesen
Wildschwendt
Riedling
Brennhütte
Aschauer Weg
Föhrenwald
Ellmauer Kaiserbad
Wimm
Fluggberg
Kögei
Schwendt
Badesee Going
Ellmauer Hof
Stein. Tisch
Hausbach
Wolfsegg
Blattlkap.
Drei Linden
Pramastüberl
Pramaweg
Wagstätt
Stangl
Golfplatz Wilder Kaiser (27-Loch)
Clubhaus
Ellmau
Blattlhof
Stanglwirt
E641
Widauer
Going
Stallhäusl

24. Hintere Goinger Halt, 2192 m

Auf den „leichtesten" Wilden Kaisergipfel

Ausgangspunkt: Wochenbrunner Alm, 1087 m | **Charakter:** Leichter Wanderweg zur Gaudeamushütte, problemloser Steig (Schuttkar) zum Ellmauer Tor und kurze drahtseilgesicherte, felsige Stellen zum Gipfel | **Einkehr:** Gaudeamushütte | **Karte:** KOMPASS Nr. 9, Nr. 09 (1:30.000)

Mittel | 8,5 km | 1110 hm / 1110 hm | 4,75 Std.

Wesentlich einfacher als aus dem Kaiserbachtal über die Steinerne Rinne ist der Anstieg von Süden auf den wohl leichtesten höheren Gipfel im Wilden Kaiser. Deshalb wird man bei dieser Wanderung selten alleine unterwegs sein, denn die Hintere Goinger Halt bzw. das Ellmauer Tor bieten nicht nur eine leicht zugängliche, sondern auch eine fantastische Aussicht und sind deshalb sehr begehrte Wanderziele.

Berücksichtigen sollte man aber den südseitigen Anstieg, der an heißen Tagen recht schweißtreibend sein kann und eine ausreichende Trinkverpflegung erforderlich macht. Darüberhinaus ist – wie auf dem Foto gut ersichtlich – der obere Teil oft noch von Altschnee bedeckt, so dass die richtige und angepasste Schuhausrüstung nicht vergessen werden sollte!

Vom großen Parkplatz bei der **Wochenbrunner Alm** folgt man in nördlicher Richtung dem breiten, markierten Wanderweg über das Almgelände zur herrlich inmitten von Wiesen gelegenen **Gaudeamushütte**. Die riesige und nicht zu übersehende Felskerbe des Ellmauer Tors gibt auf der gesamten Wanderung das Ziel vor.

Über Wiesen und durch latschenbewachsenes Gelände gelangt man auf gutem Pfad an den Fuß des Geröll- und Schuttkars, das sich vom Ellmauer Tor herunterzieht. Man trifft auf die Wegverzweigung, die links – über den Jubiläumssteig – zur Gruttenhütte weist. Wir halten uns rechts und steigen, teils – durch drahtseilgesicherte Passagen – mühsam, über die Schuttfelder hinauf zum **Ellmauer Tor**.

Wir genießen die Aussicht ins Kaiserbachtal und hinüber zum Zahmen Kaiser, und bewundern bei einer ausgiebigen Rast die senkrecht abstürzenden Wände von Fleischbank und Predigtstuhl.

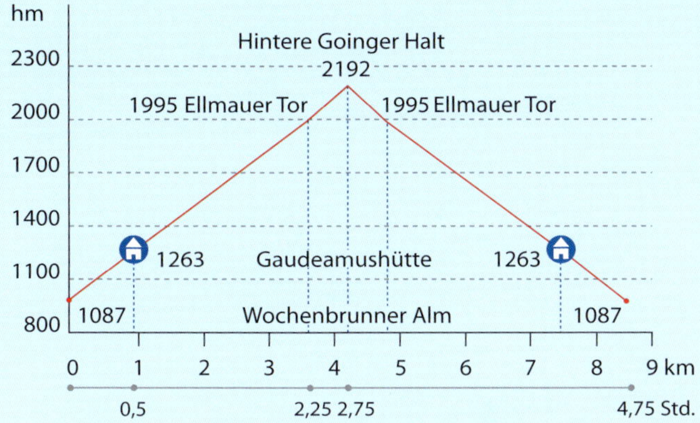

Der Weiterweg zum Gipfel ist rechts gut ein zu sehen. Zuerst über einige Felsen, dann eine Schutthalde nach links hoch querend wird es zunehmend steiler. Eine mit einer Kette gesicherte Rinne bringt uns schließlich steil hinauf zum felsigen Grat. Auf ihm hält man sich links, übersteigt einige felsige Stufen und erreicht bald das bereits sichtbare – und meist gut besuchte – **Gipfelkreuz**.

Ein wunderbarer Tiefblick ins Griesner Kar und ein beeindruckendes Panorama belohnen uns für unsere Aufstiegsmühen.

Beim **Abstieg** halten wir uns an den Aufstiegsweg.

Anstieg zum Ellmauer Tor von Süden.

KOMPASS

0 500 m

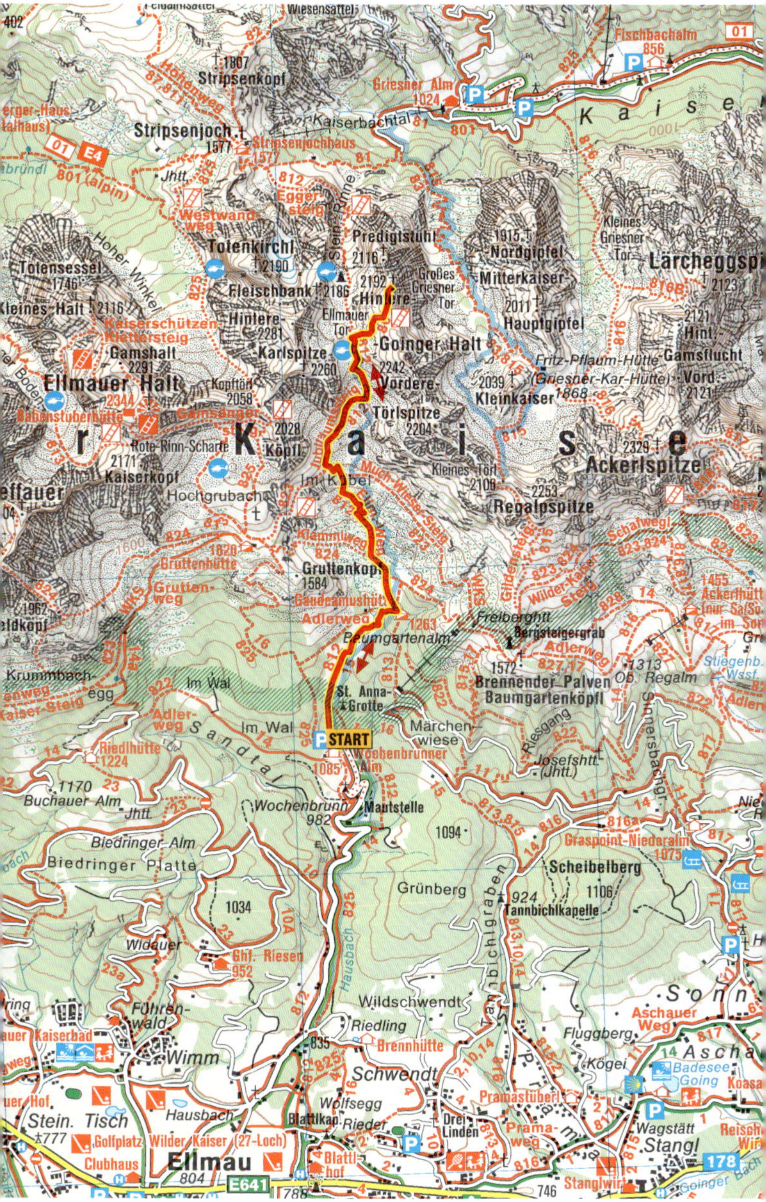
Wiesensattel
Stripsenkopf
1807
Höhenweg
Stripsenjoch
1577
Stripsenjochhaus
Kaiserbachtal
Griesner Alm
1024
Fischbachalm
856
Kaise
801 (alpin)
Eggersteig
Westwandweg
Totenkirchl
2190
Predigtstuhl
2116
Steinerne Rinne
Fleischbank
2186
Hintere
2192
Großes Griesner Tor
Nordgipfel
Mitterkaiser
Hauptgipfel
2011
Kleines Griesner Tor
Lärcheggspi
2123
Totensessel
1746
Kleines Halt
2116
Hohe Winkel
Kaiserschützen-Klettersteig
Hintere
2281
Ellmauer Tor
Goinger Halt
2242
Gamshalt
2291
Karlspitze
2260
Vordere
Fritz-Pflaum-Hütte
(Griesner-Kar-Hütte)
1868
Gamsflucht
Ellmauer Halt
2344
Kopftörl
2058
Babenstuberhütte
Gamsänger
2039
Kleinkaiser
Törlspitze
2204
Rote-Rinn-Scharte
2028
Köpfl
2171
Kaiserkopf
K a i s e
2329
Ackerlspitze
Hochgrubach
Im Kübel
Kleines Törl
2100
2253
Regalpspitze
Much-Wieser-Steig
Klemmweg
Gruttenhütte
1620
Gruttenweg
Gruttenkopf
1584
Gaudeamushütte
Adlerweg
1263
Freiberghtt
Bergsteigergrab
Gildensteig
Wilder-Kaiser-Steig
Schafweg
Ackerlhütte
1455
1962
Baumgartenalm
1572
Brennender Palven
Baumgartenköpfl
1313
Regalm
Krummbach-egg
Im Wal
St. Anna-Grotte
Adlerweg
Sandtal
START
Märchenwiese
Riesgang
Wochenbrunner Alm
1085
Riedlhütte
1224
Josefshtt.
(Jhtt.)
1170
Buchauer Alm
Jhtt.
Wochenbrunn
982
Mautstelle
1094
Graspoint-Niederalm
1075
Biedringer Alm
Biedringer Platte
Scheibelberg
1106
1034
Grünberg
924
Tannbichlkapelle
Widauer
Ghf. Riesen
952
Tannbichlgraben
Hausbach
Führenwald
Wildschwendt
Riedling
Brennhütte
Sonn
Aschauer Weg
Fluggberg
Kaiserbad
Wimm
835
Schwendt
Kögei
Aschau
Badesee Going
Pramastüberl
Wolfsegg
Hausbach
Drei Linden
Stein. Tisch
777
Blattlkap.
Rieder
Pramaweg
Wagstätt
Stangl
Golfplatz Wilder Kaiser (27-Loch)
Clubhaus
Ellmau
804
Blattlhof
E641
788
746
178
Stanglwirt
Goinger Bach

25. Ellmauer Halt

Die höchste Spitze im Wilden Kaiser

Ausgangspunkt: Wochenbrunner Alm, 1087 m (gebührenpflichtige Zufahrtsstraße, Parkplätze) | **Charakter:** Der Klettersteig zur Ellmauer Halt verlangt Trittsicherheit, Schwindelfreiheit und Bergerfahrung. Entsprechende Ausrüstung ist Voraussetzung, trockenes Wetter Bedingung | **Einkehr:** Wochenbrunner Alm, Gruttenhütte | **Karte:** KOMPASS Nr. 9, Nr. 09 (1:30.000)

Schwer | 8 km | 1260 hm / 1260 hm | 7,75 Std.

Natürlich darf der höchste Punkt des Kaisergebirges in unserer Tourensammlung nicht fehlen, auch wenn die Besteigung der Ellmauer Halt kein ausgesprochener Wandergipfel ist, sondern durchaus den erfahrenen Berggänger verlangt.

Denn dieser Gipfel bietet neben tollen Ausblicken auch sehr spannende, teils luftige und ausgesetzte Klettersteigpassagen. Von der **Wochenbrunner Alm**

steigt man zum Wald hoch und weiter auf bequemem Weg zu einer mächtigen Geröllhalde. Diese wird nach rechts aufwärts gequert und in weiten Serpentinen gelangt man schließlich auf einen Wiesensattel, von wo aus man in wenigen Minuten die bereits sichtbare **Gruttenhütte** erreicht.

Hinter der Hütte steigt der Weg erst allmählich an, man hält sich links und gelangt zu einem Kessel, in den die Schutt- und Schneefelder vom Kopftörl und von der Ellmauer Halt hinabreichen. Zunehmend steiler geht es über die Grashänge hinauf (oft über Altschneefelder) bis zu den Felsen (Marterl), wo bald die ersten Drahtseilsicherungen angebracht sind und dabei helfen, steile Stufen zu überwinden. Man quert in der latschendurchsetzten Wand nach links oben, bis man wieder auf eine Steilstufe stößt, die nach rechts oben weiter führt (von hier fantastischer Tiefblick u.a. zur Gruttenhütte hinunter). Über Eisen-

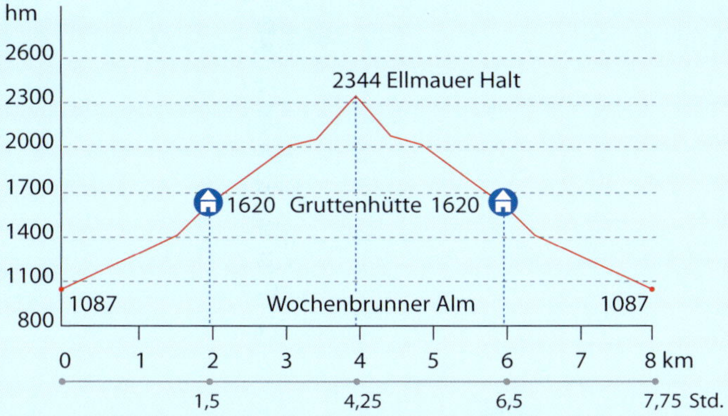

stifte und an Drahtseilen geht es weiter steil hoch und über eine kleine Scharte rechts um einen Felsturm herum. Man passiert eine glatte Felswand (Eisentritte), steigt eine schmale Rinne hinauf und steht vor der Entscheidung links oder rechts. Die linke Variante führt am Drahtseil und über eine Leiter direkt hoch, etwas ausgesetzter und luftiger bietet sich der rechte Weg an (Eisenstifte).

Links haltend gelangen wir zur kleinen **Babenstuber Hütte**, eine immer offen stehende holzverschindelte **Notunterkunftshütte**. **Rechts** oben ist das nahe **Gipfelkreuz** bereits zu sehen, das man über plattigen Fels schnell erreicht.

Die Ellmauer Halt auf dem Anstiegsweg von der Gruttenhütte; Bild links: bei der Babenstuber Hütte ist der Gipfel in Sichtweite.

Moosbeerkopf
1183
Gamskogel
1449
Brentenjoch
Brentenjochalm
Taxköpfl
Straßwalchgraben
Jhtt. 751
Anton-Karg-H. (Hinterbärenb.
Adlerweg
Brandkogel
1411
Egerbachalm
1140
Steinberghütte
Baumannalm
Grüner Graben
Bettlersteig
Güttlersteig
1119
Straßwalch-(Jhtt.)
Kaindlhütte
1293
Steinbergalm
Talofen
Gamskar
Wiesberg
1998
Kopf
Hochegg
1312
Hackenköpfe
2125
Muttergries
Riegersteig
Scheffauer
Widauersteig
W
i
l
1968
2111
Jägerbrünnl
1749
Sonnenstein
1714
Zettenkaiserkopf
1609
Grübler Kaiser
Zettenkaiser
Kaiser-Hochalm
Veitskirche
WKS Höhenweg
Jägersteig
Wilder-Kaiser-Steig
In der Hochat
Kaiseregg
Kaiseralm
1146
1212
1257
Steiner-Hochalm
Grüblerschrofen
Höhenweg
Adlerweg
Soier
Bichl
Grüblern
Steiner-Niederalm
Kaiser-Niederalm
Wegscheid-Niederalm
Seestüberl
892
918
St.Leonhard-Kapelle
Bärnstatt
Hinterschießlingalm
Hintersteiner See
(882)
Schöss
Hinterleiten
1038
998
Beinstingl
Steiner
Hörl
Stein
Schießling
Treffern
Jagerwirt
884
Seebach
Rezhbachklamm
816
Egglern
Kaisern
Greidern
Hinter-
Grub
Gaisberg
Chaletdorf Leitenhof
Steinacker
Greidernberg
Vorder-
Recher
Scheffau am Wilden Kaiser
Greggilberg
826
745
Vögeihof
Ötting
831
Fögl
838
965
Alpengasthof Achleiten
Nieder-scheffau
Seebach
Großhorngach
Bucha
Café Rosemarie
Erlberg
Wurzach
Blaiken
Kohlstatt
Nieder-achen
Oberacher
Neuhofen
Erlach
Blaiken
Wilder Kaiser
Waldhof
Ralser
648
680
Messersc-alm
Weißache
178
Endfelden
Alpenblick
Waldegg
Auwi
Tiefenbach
Schattseite
Bienen-welt
Bocking
Hatten
Bocking
Bärbichl
Egg
Hasen
Weingrub
Sill

0 500 m

Stripsenkopf
Hans-Berger-Haus (Kaisertalhaus) 936
Stripsenjoch
Stripsenjochhaus 1577
Griesner Alm 1024
Fischbach 856
Kaiserbachtal
Höhenweg
Jagabründl
801 (alpin)
Westwandweg
Eggersteig
Totenkirchl 2190
Predigtstuhl
Stein. Rinne
Nordgipfel
Mitterkaiser
Hauptgipfel
Kleines Griesner Tor
Totensessel 1746
Kleines Halt 2116
Hoher Winkel
Fleischbank 2186
Hintere Goinger Halt
Großes Griesner Tor
Ellmauer Tor
Kaiserschützen-Klettersteig
Gamshalt 2291
Karlspitze 2260
Vordere
Törlspitze 2204
Fritz-Pflaum-Hütte (Griesner-Kar-Hütte) 1868
Kleinkaiser 2039
Scharlinger Boden
Sonneck 2260
Ellmauer Halt 2344
Babenstuberhütte
Kopftörl 2058
Gamsänger
Jubiläumssteig
Rote-Rinn-Scharte
Kaiserkopf 2171
Köpfl 2028
Hochgrubach
Im Kübel
Kleines Törl 2106
2253
Regalpspitze
Ackerlspitze 2329
Treffauer 2304
Tuxeck 2226
Klammlweg
Mucha-Wieser-Steig
Gruttenhütte 1620
Gruttenkopf 1584
Gruttenweg
Gaudeamushütte
Adlerweg
Baumgartenalm
Freiberghtt.
Bergsteigergrab
Brennender Palven
Baumgartenköpfl
Schutterfeldkopf 1962
Gamsstein
Krummbach-egg
Wilder-Kaiser-Steig
Im Wal
Sandtal
St. Anna-Grotte
START
Wochenbrunner Alm 1085
Märchenwiese
Riesgang
Josefshtt. (Jhtt.)
Riedlhütte 1224
Buchauer Alm 1170
Wochenbrunn 982
Mautstelle
Biedringer Alm
Biedringer Platte
Auchbach
Scheibelberg
Graspoint-Niederalm
Grünberg
Tannbichlkapelle 924
Tannbichlgraben
Lechner Getränke
Widauer
Ghf. Riesen 952
Hausbach
Wildschwendt
Biedring
Föhrenwald
Riedling
Brennhütte
Fluggberg
Kögei
Ellmauer Kaiserbad
Ringweg
Wimm
Schwendt
Ellmauer Hof
Stein. Tisch 777
Golfplatz
Golfplatz Wilder Kaiser (27-Loch)
Clubhaus
Wolfsegg
Blattlkap.
Rieder
Drei Linden
Pramastüberl
Prama-weg
Ellmau 804
Blattlhof
E641
Stanglwirt
746
788
Widauer

26. Ackerlhütte – Schleier-Wasserfall

Aussichtsreiche und leichte Rundwanderung

Ausgangspunkt: Aschau, 800 m | **Charakter:** Leichte Wandertour auf gut begehbaren Alm- und Wanderwegen | **Einkehr:** Jausenstation Graspoint-Niederalm | **Karte:** KOMPASS Nr. 9, 09 (1:30 000)

Leicht | 9 km | 655 hm 655 hm | 4 Std.

Die unter den Südwänden der Ackerlspitze gelegene, nicht bewirtschaftete Ackerlhütte ist ein besonders geeigneter Ausgangspunkt für die südlichen Klettertouren an der Ackerlspitze, der Maukspitze und der Regalpspitze, und ist deshalb auch den alpinen Bergsteigern vorbehalten. Die moderne Variante des Bergsteigens wiederum kann häufig beim zweiten Tagesziel, dem Schleierwasserfall in Augenschein genommen werden, wenn Sportkletterer an den überhängenden Wänden ihre akrobatischen Kunststücke vollführen.

Dass sich neben den sportlichen Aktivitäten auch grandiose Landschaftseindrücke und herrliche Ausblicke in die Gipfelwelt der Kitzbüheler Alpen und der Hohen Tauern genießen lassen, bedarf bei der exzellenten Lage der Hütte kaum der Erwähnung.

Wir zweigen beim Stanglwirt rechts ab, fahren Richtung Badesee, dann auf dem Aschauer Weg bis zu einem **Parkplatz** (Schranke) im Wald. Nun folgen wir der Beschilderung „Ackerlhütte" und wandern auf der Forststraße entlang des Baches aufwärts. Bei der Wegteilung halten wir uns rechts (links führt der Weg zur Gaudeamushütte) und gelangen bald darauf zur **Graspoint-Niederalm**.

Wir bleiben weiter in nördlicher Richtung und folgen dem gut ausgeschilderten Wanderweg durch den Wald hinauf. Vorbei an einem kleinen Wasserfall gelangt man auf freie Wiesenflächen, schwenkt nach links ab und steigt über den grasigen Rücken an. Zuletzt den Markierungen folgend nach rechts hinauf zur **Ackerlhütte**.

Auf dem Anstiegsweg zurück bis zur Wegverzweigung bei dem kleinen Wasserfall und ostwärts am Fuß der Kletterwände entlang zum **Schleier-Wasserfall** hinunter.

Am Wasserfall folgen wir den Markierungen nach rechts hinunter,

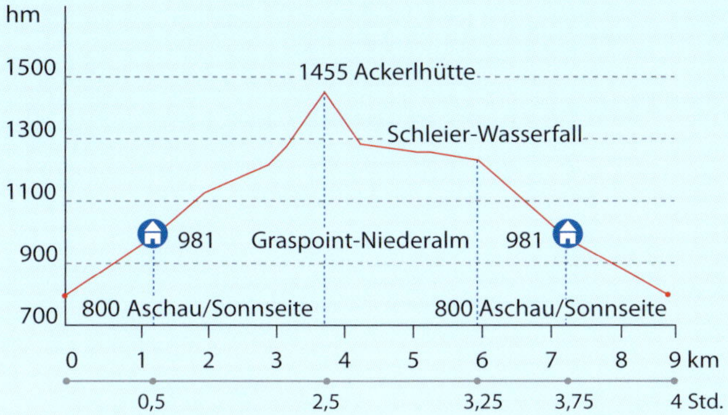

die uns bald zu einem breiten Forstweg führen, dem wir weiter abwärts folgen. Bei den Almwiesen der **Graspoint-Niederalm** stoßen wir wieder auf den Anstiegsweg, auf dem wir zum **Ausgangspunkt** zurückwandern.

Von Going aus zeigt sich der Kaiserkamm vom Ellmauer Tor (links) bis zur Ackerl- und Maukspitze.

KOMPASS

0 500 m

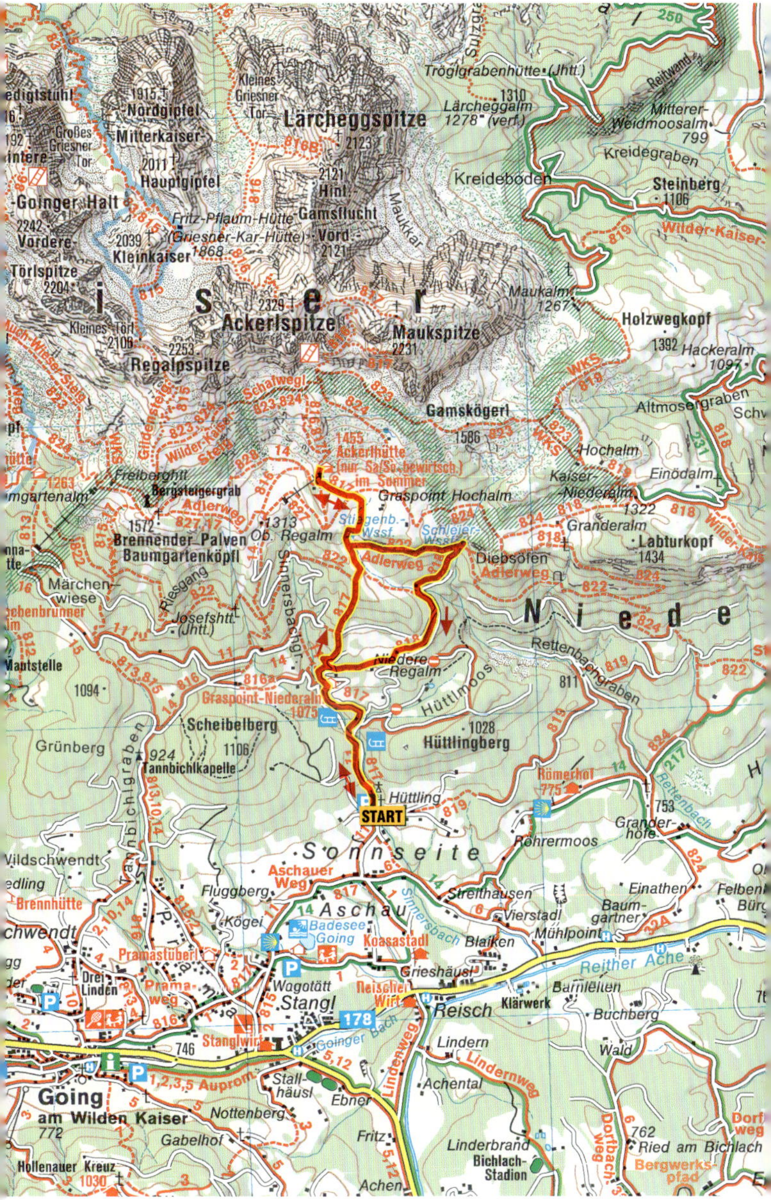
Lärcheggspitze
Nordgipfel
Mitterkaiser
Hauptgipfel
Goinger Halt
Vordere
Törlspitze
Kleinkaiser
Fritz-Pflaum-Hütte
(Griesner-Kar-Hütte)
Gamsflucht
Ackerlspitze
Maukspitze
Regalpspitze
Tröglgrabenhütte (Jhtt.)
Lärcheggalm
Mitterer-Weidmoosalm
Kreidegraben
Kreideboden
Steinberg
Maukkar
Maukalm
Holzwegkopf
Hackeralm
Gamskögerl
Altmoosergraben
Ackerlhütte
(nur Sa/So bewirtsch.)
im Sommer
Graspoint Hochalm
Hochalm
Einödalm
Kaiser-Niederalm
Granderalm
Labturkopf
Freiberghtt
Bergsteigergrab
Adlerweg
Brennender Palven
Baumgartenköpfl
Ob. Regalm
Stiegenb.-Wssf.
Schleier-Wssf.
Diebsöfen
Märchenwiese
Riesgang
Josefshtt. (Jhtt.)
Sinnersbachgr.
Niede
Rettenbachgraben
Niedere Regalm
Hüttlmoos
Graspoint-Niederalm
Scheibelberg
Grünberg
Tannbichlkapelle
Hüttlingberg
Römerhof
Hüttling
START
Granderhöfe
Röhrermoos
Sonnseite
Aschauer Weg
Fluggberg
Aschau
Streithausen
Einathen
Baumgartner
Vierstadl
Mühlpoint
Badesee Going
Koasastadl
Blaiken
Reither Ache
Brennhütte
Pramastüberl
Pramaweg
Drei Linden
Kögel
Grieshäusl
Wagotätt
Stangl
Neisslerwirt
Reisch
Klärwerk
Bamleiten
Buchberg
Stanglwirt
Goinger Bach
Lindern
Wald
Going am Wilden Kaiser
Aupromenade
Stallhäusl
Ebner
Achental
Lindernweg
Nottenberg
Gabelhof
Fritz
Linderbrand
Bichlach-Stadion
Ried am Bichlach
Dorfbachweg
Bergwerkspfad
Hollenauer Kreuz
Achen
Tannbichlgraben
Wildschwendt

27. Baumgartenköpfl, 1572 m

Bequemer Aussichtspunkt mit Hüttenbesuch

Ausgangspunkt: Going, 773 m; beim Stanglwirt (nach Norden) Richtung Prama abbiegen und bis zum Waldparkplatz hochfahren, 800 m. **Charakter:** Einfache, aber sehr lohnende Aussichtswanderung auf guten Alm-und Wanderwegen
Einkehr: Gaudeamushütte. **Karte:** KOMPASS Nr. 9, 09 (1:30 000)

Leicht | 7,75 km | 725 hm / 725 hm | 4,25 Std.

Die Gaudeamushütte ist meist recht gut besucht, denn sie liegt zum einen am vielbegangenen Weg zum Ellmauer Tor und andererseits nur eine knappe halbe Stunde Anstiegsweg von der mit dem Auto erreichbaren Wochenbrunner Alm entfernt. Weit weniger stark frequentiert ist das unscheinbare Baumgartenköpfl, obwohl es mit einer leicht zugänglichen und überaus lohnenden Aussicht aufwartet.

Vom **Parkplatz** folgen wir der Forststraße dem Bach entlang, passieren die **Tannbichlkapelle** und gelangen zu einer Wegteilung. Wir halten uns links, folgen weiter dem Bachverlauf und erreichen die Schöntalau und die Märchenwiese. Der Weiterweg verläuft durch schattigen Wald, über mehrere Gräben bis man auf dem gut markierten Weg die freiliegende **Gaudeamushütte** am Fuße des Kübelkars erreicht. Von der Hütte aus zunächst auf dem Weg zum Ellmauer Tor in nördlicher Richtung am Wald entlang, dann rechts schwenkend über die Grashänge hinab zur Baumgartenalm. Nun wieder linkshaltend Richtung Osten, vorbei an der Freiberghütte und zuletzt über Latschenhänge hinauf zu der wenig ausgeprägten Gipfelkuppe des **Baumgartenköpfls**. Hier befindet sich das Much-Wieser-Grab; und von hier hat man einen imposanten Ausblick nach Süden bis hin zu den Schneeriesen der Glockner- und Venedigergruppe. Aber auch die Südwände des Wilden Kaisers sind von hier fast mit den Händen zu greifen.

Wir folgen dem markierten Wanderweg leicht absteigend weiter Richtung Osten und stoßen bald auf die Almflächen der **Oberen Regalm**. Von dort bringt uns ein Fahrweg zunächst in südlicher Richtung in großen Kehren hinab, dann verlassen wir das Sträßchen und steigen auf einem markierten Wanderpfad durch lichten Wald weiter ab. Wir durchqueren den

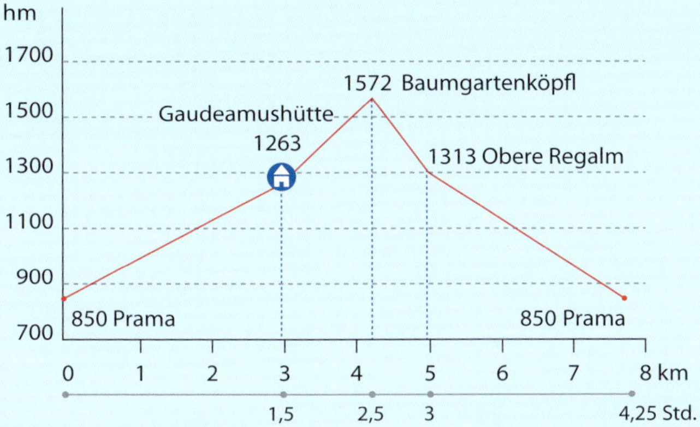

Rehblaikgraben und halten uns weitgehend rechts bis wir durch den Wald wieder auf den uns bekannten Anstiegsweg treffen.

Vorbei an der Tannbichlkapelle wandern wir gemächlich abwärts und zurück zum **Ausgangspunkt** in Prama.

Blick vom Baumgartenköpfl zu Ellmauer Halt und Vorderer Karlsspitze.

Brandkogel
1411
Steinberghütte
Bettlersteig
Güttlersteig
1119
Straßwalch-
(Jhtt.)
Grobtal
2040
Totensessel
1746
Kleines Halt
Talofen
Steinbergalm
Wiesberg
Gamskar
Gamskarköpfl
Scharlinger Boden
Hackenköpfe
1998
Kopfkraxen
Sonneck
2260
2178
Ellmau
Babenstuberhütte
Scheffauer
Widauersteig
2125
Muttergries
Schneekar
Wilder
1968
2111
Sonnenstein
1714
Treffauer
2304
Zettenkaiser
Kaiser-Hochalm
Tuxeck
2226
Veitskirche
Adlerweg
WKS
Höhenweg
Kaiseregg
Wilder-Kaiser-Steig
1212
Wegscheid-Hochalm
1962
Schutterfeldkopf
Jägersteig
1257
Steiner-Hochalm
Kaiseralm
1146
Lenggries
Gamsstein
Krummbach-
Steiner-Niederalm
Kaiser-Niederalm
Wegscheid-Niederalm
Hinter-schießlingalm
St.Leonhard-Kapelle
Bärnstatt
Schöss
Hinterleiten
1038
1196
Schönbichl
Beinstingl
Steiner
Hörl
Stein
Treffern
Schießling
Jagerwirt
1170
Buchauer
816
Egglern
Kaisern
Gaisberg
Chaletdorf Leitenhof
Steinacker
Lechner
Biedring
Recher
826
Scheffau am Wilden Kaiser
Gregglberg
Haflingertränke
882
745
Vögeihof
Ötting
Fögl
838
Nieder-scheffau
Buchau
Großhorngach
Auwald
Ellmauer Kaiserbad
Kohlstatt
Blaiken
Nieder-achen
Oberachen
Ringweg
Wilder Kaiser
740
Ellmauer Hof
680
Waldhof
Ralser
Messerschmied-alm
Alpenblick
Waldegg
Tiefenbach
Auwinkel
Stein.
777
Schattseite
Golfplatz
Bärbichl
Egg
Hasenberg
Weingrub
Sill
Nieder-moosen
Oberberg
Wasserf.
Faistenbichl
Bavaria
932
Fallbichl
Hochschwendt
Ober-leiten
Schadl
Naber
817
Hochlechen
1060
Rohrmoosen
Berghof
Harmstätt

Totenkirchl
Predigtstuhl
Nordgipfel
Mitterkaiser
Hauptgipfel
Lärcheggspitze
Lärcheggalm
Trogigrabenhütte
Kleines Griesner Tor
Großes Griesner Tor
Fleischbank
Hintere
Hintere
Karlspitze
Ellmauer Tor
Goinger Halt
Vordere
Fritz-Pflaum-Hütte (Griesner-Kar-Hütte)
Kleinkaiser
Hint. Gamsflucht Vord.
Maukkar
Kreideboden
Kopftörl
Törlspitze
Köpfl
Kaiser
Ackerlspitze
Maukspitze
Kleines Törl
Regalpspitze
Im Kübel
Hochgrubach
Westwandweg
Eggersteig
Gamsänger
Jubiläumssteig
Klammlweg
Gruttenhütte
Gruttenweg
Gruttenkopf
Gaudeamushütte
Adlerweg
Schafwegl
Gildensteig
Wilder-Kaiser-Steig
Gamskögerl
Ackerlhütte (nur Sa/So bewirtsch.) im Sommer
Graspoint Hochalm
Freiberghtt
Bergsteigergrab
Baumgartenalm
Brennender Palven
Baumgartenköpfl
Ob. Regalm
Stiegenb.-Wssf.
Schleier-Wssf.
Diebsöfen
St. Anna-Grotte
Märchenwiese
Riesgang
Josefshtt. (Jhtt.)
Sinnersbachgr.
Im Wal
Sandtal
Wochenbrunner Alm
Mautstelle
Wochenbrunn
Niedere Regalm
Hüttlmoos
Graspoint-Niederalm
Scheibelberg
Hüttlingberg
Grünberg
Tannbichlkapelle
Tannbichlgraben
Hausbach
Ghf. Riesen
Hüttling
Sonnseite
Wildschwendt
START
Riedling
Brennhütte
Fluggberg
Aschauer Weg
Aschau
Streithausen
Schwendt
Kögei
Badesee Going
Koasastadl
Sinnersbach
Blaiken
Wolfsegg
Blattlkap.
Rieder
Drei Linden
Pramastüberl
Pramaweg
Wagotätt
Stangl
Grieshäusl
Neuschl Wirt
Reisch
Klärwerk
Wilder Kaiser (27-Loch)
Ellmau
Blattlhof
Stanglwirt
Goinger Bach
Lindern
Lindernweg
Lindenweg
Stallhäusl
Ebner
Achental
Ritterhof
Going am Wilden Kaiser
Nottenberg
Marienkapelle
Vetterstätt
Gabelhof
Fritz
Linderbrand
Bichlach-Stadion
Naschberghof
Hollenauer Kreuz
Achen
E641
178

28. Gamskögerl, 1586 m

Nette Alm-, Wald- und Höhenwanderung

Ausgangspunkt: Griesenau, 719 m (Parkplatz beim Eingang der Mautstraße, gegenüber dem Gasthof Griesenau) | **Charakter:** Breite Wiesenwege und Almsträßchen, dazwischen Waldpfade (teils mit Holzstufen), die bei Nässe unangenehm sein können. **Einkehr:** Nur am Ausgangsort | **Karte:** KOMPASS Nr. 9, 09 (1:30 000)

Leicht | 13,5 km | 870 hm / 870 hm | 4,5 Std.

Eine imposante und unschwierig zu erreichende Aussichtskanzel bietet das unscheinbare Gamskögerl.

Wir wandern vom **Parkplatz** (direkt beim Eingang der Mautstraße zum Kaiserbachtal) rund 50 m auf der Straße, biegen dann bei der Tafel „Maukalm/Kaiseralmen (Nr. 7)" nach einem Gebäude links ab. Ein ebener, breiter Weg führt uns durch die Wiesen zu einem Gatter und in den Wald hinein.

Langsam steigt der Weg an, bei einer Verzweigung folgen wir der Mark. 7 kurz links hinab, überqueren einen Bach und lassen uns nun von der Mark. 6 („Maukalm") leicht steigend rechts hoch führen. Wenige Hundert Meter später zweigt ein rot-weiß markierter Weg nach rechts über die Wiesen ab, wir passieren ein Almgebäude und überqueren über einen interessanten Holzstufenweg (Holzbretter mit Querleisten und Geländer) das Almgelände in Richtung Wald. Anschließend geht es nochmals durch hohes Gras und einen schmalen Wiesenstreifen (links und rechts Wald; bei Nässe unangenehm!) weiter, bis wir wieder auf einen breiten Fahrweg stoßen. Zuerst leicht bergab, dann wieder ansteigend halten wir uns die Markierungen zur Maukalm und gelangen in weit ausholenden Kehren, zum Schluss nochmals steiler an ein Gebäude. Nach links ist das Gamskögerl und die Maukalm ausgeschildert und wir folgen dem schmalen Pfad, der sich später, als wir wieder auf den breiten Fahrweg treffen, als Abkürzungsweg herausstellt. Auf der Straße weiter gelangen wir wenig später zur **Maukalm**. Rechts, ein paar Meter entfernt und etwas höher (laut Schild 1267 m) steht ein Kreuz mit einer Bank, von wo sich eine fantastische Aussicht bietet.

Hinter der Maukalm zeigt uns ein Schild „Gamskögerl" den Weiterweg an, der über Wiesen zu einer Graskuppe hinaufleitet, wo uns

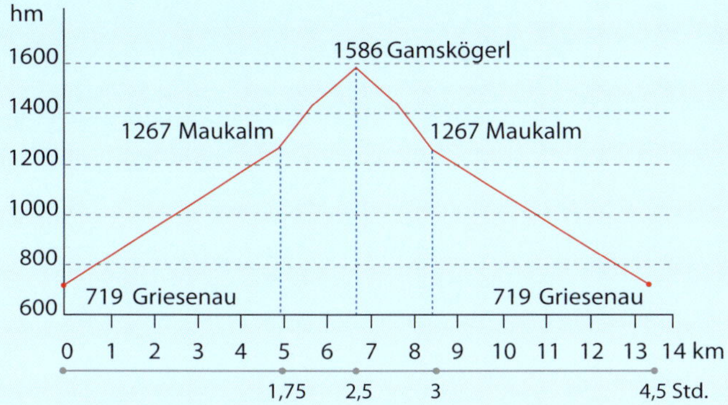

ein weiteres Schild nach rechts hinauf führt. Wir erreichen erneut eine Hochfläche mit schöner Aussicht nach Süden. Ein gemütlicher Almwiesenpfad bringt uns über einen Graskamm, durch Latschenfelder hindurch und über kleinere Felsen in unschwierigem Auf und Ab zu einer weiteren Wegverzweigung. Nach rechts ist mit der Nr. 35 das Gamskögerl ausgeschildert (gleichzeitig eine Etappe des Wilder-Kaiser-Steig).

Wir folgen den eingerammten rotweiß markierten Holzpfosten rechts hoch, halten uns bei der nächsten Wegteilung wieder rechts und gelangen so auf einem netten felsdurchsetzten Graskamm zu einem grasigen Kopf, mit Bank (Aufschrift Gamskogel) und dahinter liegendem Steinhaufen. Dieser unspektakuläre **Gipfelpunkt** liegt sehr schön vor den Felsabbrüchen der Maukspitze und geht man ein paar Meter weiter, dann hat man auch einen herrlichen Tiefblick ins Tal.

Beim **Abstieg** kann man alternativ nach der Maukalm den Weg links über den Kreideboden wählen und an der verfallenen Lärcheneggalm auf breitem Weg ins Kaiserbachtal hinabwandern. Entlang des Kaiserbachs gehen wir zurück zum Ausgangspunkt in **Griesenau**.

So gemütlich beginnt unsere Wanderung in Richtung Maukalm kurz hinter dem Mauthäuschen in Griesenau.

Feldalm
1302
Ropanzen
1572
Feldberg
Tristecken
1710
Feldalmer Graben
1433
Feldalmsattel
1402
1627
Wiesensattel
Hintere
Ranggenalm
1226
1284
1807
Stripsenkopf
Höhenweg
Griesner Alm
1024
Hans-Berger-Haus
(Kaisertalhaus)
936
Stripsenjoch
1577
Stripsenjochhaus
Kaiserbachtal
01
E4
801 (alpin)
Jagabründl
Jhtt.
812
Egger-
steig
Westwand-
weg
Totenkirchl
2190
Predigtstuhl
2116
1915
Nordgipfel
Mitterkaiser
2040
Totensessel
1746
Hoher Winkel
Fleischbank
2186
2192
Hintere
Großes
Griesner
Tor
Kleines Halt
2116
Kaiserschützen
Klettersteig
Hintere
2281
Ellmauer
Tor
2011
Hauptgipfel
2040
Scharlinger Boden
Gamshalt
2291
Karlspitze
2260
Goinger Halt
2242
Vordere
Fritz-Pflaum-Hüt
(Griesner-Kar-Hü
Sonneck
2260
Ellmauer Halt
2344
Kopftörl
2058
2039
Kleinkaiser
1868
Babenstuberhütte
Gamsänger
steig
2028
Törlspitze
2204
Jubiläumssteig
Schneekar
Rote-Rinn-Scharte
Köpfl
Kleines Törl
2100
2171
Kaiserkopf
Im Kübel
Much-Wieser-Steig
Treffauer
Hochgrubach
2253
Regalpspitze
Ackerl
2304
Klammlweg
Tuxeck
2226
1820
Gruttenhütte
Gruttenkopf
1584
Grutten-
weg
Gaudeamushütte
Adlerweg
1263
Baumgartenalm
Freiberghtt
Bergsteigergrab
Wilder-Kaiser-Steig
1962
Schusterfeldkopf
Adlerweg
Gamsstein
Krummbach-
egg
Höhenweg
Wilder-Kaiser-Steig
Im Wal
Adler-
weg
Sandtal
Im Wal
St. Anna-
Grotte
Märchen-
wiese
1572
Brennender Palven
Baumgartenköpfl
Riesgang
Riedlhütte
1224
Wochenbrunner
Alm
1085
Josefshtt.
(Jhtt.)
1170
Buchauer Alm
Jhtt.
Wochenbrunn
982
Mautstelle
1094
Graspoint-Ni
Biedringer-Alm
Biedringer Platte
Auchbach
Scheibelberg
Lechner
Pflingertränke
882
Grünberg
924
Tannbichlkapelle
1106
Tannbichlgraben
1034
Widauer
Ghf. Riesen
952
Hausbach
Biedring
Föhren-
wald
Wildschwendt
Riedling
Ellmauer Kaiserbad
835
Brennhütte
Fluggberg
Ringweg
Wimm
Schwendt
Kögei

0 500 m

START
Mautstelle
Griesenau
Einwall
Rad-Weltpokal-Kurs
Unt.Scheibenbichlalm
1280
Kleinbärental
Troirücken
E4 (alpin) 801
Stubenalm
Schnappengraben
Jagdhtt.
Foischingalm
999
Altmühle
769
Teufelskapelle
736
Panoramaweg
Ruppertsau
Innerwies
Reitberg
1129
Grandneralm
Birgl
Engelbach
250
Reitwand
Tröglgrabenhütte (Jhtt.)
1310
Lärcheggalm
1278 (verf.)
Mitterer-Weidmoosalm
799
Kreidegraben
Kreideboden
Steinberg
1106
Wilder-Kaiser-Steig
Unteraigen
Kramerhof
Kaminstube
Gasteig
Rundweg Federboden
Schusteralm
231
Maukalm
1267
Holzwegkopf
1392
Hackeralm
1097
Maukkar
Maukspitze
2231
Gamskögerl
1586
WKS
Altmosergraben
Schwendtling
Mahd
Gscheuergr.
Metzgeralm
Hochalm
Einödalm
Ackerlhütte
(nur Sa/So. bewirtsch.)
im Sommer
Graspoint Hochalm
Kaiser-Niederalm
1322
Granderalm
Labturkopf
1434
Gscheuerkopf
1280
Schatterberg
1274
Bacheralm
(nur Winter)
977
Maiklsteig
Diebsöfen
Adlerweg
Stiegenb.-Wssf.
Schleier-Wssf.
Niederkaiser
Einsiedelei Maria
Rummlerhof
775
Start Adlerweg
Maurern
784
Rettenbachgraben
811
Niedere Regalm
Hüttlmoos
1028
Hüttlingberg
Hinterer Kaiser
Hinterkaiser
Maurerbach
Steinerberg
771
Wasserhochbehälter
Wilder-Kaiser-Steig
Römerhof
775
Hüttling
Rettenbach
Granderhöfe
753
Röhrermoos
Rettenbach
Oberbürg
Rettenbachstüberl
Weitau
Granada
Streithausen
Einathen
Felbenhof
Bürg
Bacherwirt
Vierstadl
Baumgartner
Mühlpoint
Spital
Sonnseite

29. Ackerlspitze, 2329 m

Anspruchsvolle Überschreitung

Ausgangspunkt: Griesenau, 719 m (Parkplatz Eingang Mautstraße, gegenüber dem Gasthof Griesenau) | **Charakter:** Lange und anspruchsvolle Tour, die gute Kondition, Trittsicherheit, Schwindelfreiheit, Bergerfahrung und stabiles Wetter voraussetzt | **Einkehr:** Fischbachalm | **Karte:** KOMPASS Nr. 9, 09 (1:30 000)

Schwer | 16,5 km | 1610 hm / 1610 hm | 8 Std.

Man sollte sich schon gut mit Getränken und einer Brotzeit eindecken, denn die erste Einkehrmöglichkeit im Kaiserbachtal ist erst nach langem und recht anstrengendem Fußmarsch zu erreichen.

Wir gelangen wie bei Tour 28 über die **Maukalm** zum **Gamskögerl**. Vor dort aus überqueren wir die Geröllhalde (rot-weiß markiert, Nr. 35) und stoßen auf die Überreste der **Alten Ackerlhütte**. Wir halten uns rechts hoch, steigen kurz ab und queren über ein Schuttfeld (oft Altschnee; dann sind Teleskopstöcke von Vorteil!) wieder ansteigend nach oben, bis wir an die Felsen gelangen (Markierung). Die nun folgenden Felsaufschwünge sind mit Ringen und teilweise mit Eisenstiften versichert, ebenso eine Rinne, die gut gestuften Fels aufweist. Man hält sich rechts am Hang und erreicht so einen Absatz mit einem anschließenden recht steilen Zwischenstück (auch hier liegt oft lange Altschnee), das uns wieder in die Felsen hochleitet. Über einen weiteren steilen Felsaufschwung (mit Ringen gesichert) erreicht man schließlich einen **Sattel**, den Verbindungsgrat zwischen Ackerl- und Maukspitze. Wir halten uns links, steigen weiter hoch zum Grat, dem wir abwechselnd auf der rechten und linken Seite folgen. Durch ein schmales Felstor hindurch und linkshaltend zum nur wenige Meter entfernten Gipfelkreuz der **Ackerlspitze**.

Einige Meter auf dem Anstiegsweg zurück, folgen wir dann den Markierungen, die uns links hinabweisen. Die Sicherungen im oberen felsigen Teil sind spärlich, auf Steinschlag ist zu achten. Der markierte Weg führt – teilweise steil – über Schutt und Geröll hinab, und zwei längere drahtseilgesicherte Passagen bringen uns fast bis zum Talboden, wo wir auf dem breiten Wanderweg nach **Griesenau** zurück gehen.

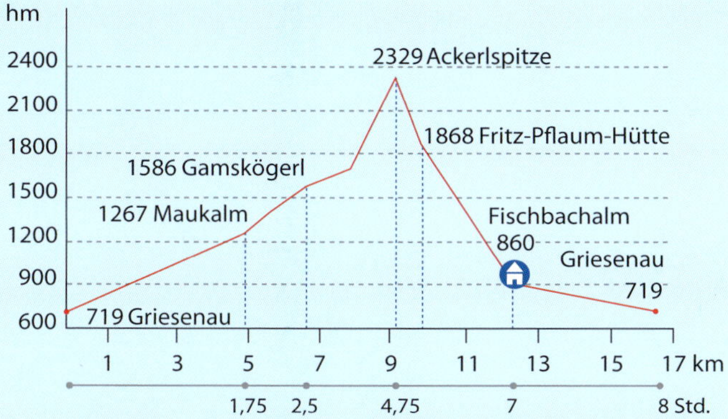

Die östliche Ecke des Kaiserkamms: Ackerlspitze, Maukspitze und Lärcheck

Feldalm
1302
Feldberg
Scheibenbühelberg
Schneebichl
Tristecken
Hintere Ranggenalm
Vordere Ranggenalm
Feldalmsattel
Wiesensattel
Stripsenkopf
Fischbachalm
856
Griesner Alm
1024
Kaiserbachtal
Stripsenjoch
Stripsenjochhaus
Eggersteig
Westwandweg
Totenkirchl
Predigtstuhl
Nordgipfel
Mitterkaiser
Hauptgipfel
Kleines Griesner Tor
Lärcheggspitze
Großes Griesner Tor
Fleischbank
Hintere Goinger Halt
Ellmauer Tor
Kaiserschützen-Klettersteig
Gamshalt
Karlspitze
Vordere
Fritz-Pflaum-Hütte
(Griesner-Kar-Hütte)
Kleinkaiser
Gamsflucht
Törlspitze
Kopftörl
Gamsänger
Rote-Rinn-Scharte
Kaiserkopf
Köpfl
Hochgrubach
Im Kübel
Jubiläumssteig
Much-Wieser-Steig
Kleines Törl
Ackerlspitze
Maukspitze
Regalpspitze
Schafwegl
Klammlweg
Gruttenhütte
Gruttenweg
Gruttenkopf
Gaudeamushütte
Adlerweg
Baumgartenalm
Freiberghtt.
Bergsteigergrab
Ackerlhütte
(nur Sa/So. bewirtsch.)
im Sommer
Graspoint
Wilder-Kaiser-Steig
Gildensteig
Brennender Palven
Baumgartenköpfl
Ob. Regalm
St. Anna-Grotte
Märchenwiese
Riesgang
Josefshtt.
Sandtal
Riedlhütte
Wochenbrunner Alm
Wochenbrunn
Mautstelle
Niedere Regalm
Graspoint-Niederalm
Scheibelberg
Biedringer Alm
Grünberg
Tannbichlkapelle
Tannbichlgraben
Hüttling
Widauer
Ghf. Riesen
Hausbach
Sonnseite
Wildschwendt
Föhrenwald
Riedling
Brennhütte
Aschauer Weg
Fluggberg
Aschau
Wimm
Kögei
Kaiserbach
Sinnersbach
Maukkar
Trögigrab
Badesee
Höhenweg
Kleinbärental
Großbärental
Stein. Rinne
Hoher Winkel
Im Wal
1813
1511
1226
1284
1433
1627
1710
1807
1577
1915
2116
2190
2186
2192
2281
2011
2123
2121
2242
2039
2260
2058
2291
2344
2028
2204
2171
2109
2253
2231
1820
1584
1263
1572
1313
1455
1586
1224
1085
982
1094
1075
1034
1106
924
952
835
01
E4
WKS

Griesenau
START
Mautstelle
Einwall
Rad-Weltpokal-Kurs
Stubenalm
Foischingalm
999
Schnappengraben
Jagdhtt.
Kohlenberg
1362
1226
Sprisslerialm
Altmühle
769
Teufelskapelle
736
Panoramaweg
Steinstadl
Neustadlhof
1036
Teufels-
gassenalm
Hinterberg
Astau
Innerwies
Faulern
Heinzern
Reiterer
Reitberg
1129
Grandneralm
Ruppertsau
Birgl
Engelbach
Reitwand
Mitterer-
Weidmoosalm
799
Kreidegraben
Steinberg
1106
Wilder-Kaiser-Steig
176
Unteraigen
Kramerhof
Mitterjager
Jagdschlössl
Pointen
Vordermitterer
Rundweg
Federboden
Kamin-
stube
746
Gasteig
Schattern
Holzwegkopf
1392
Hackeralm
1097
Schusteralm
Stausee
757
Huberhöhe
Altmosergraben
Schwendtling
Mahd
Hochalm
Einödalm
Kaiser-
Niederalm
1322
977
Bacheralm
(nur Winter)
Metzgeralm
Gscheuergr.
Astaueralm
Rad-
Weltpokal-
Kurs
Hüttschadern
Granderalm
Labturkopf
1434
Gscheuerkopf
1280
Schatterberg
1274
Gmailkapelle
Lourdesgrotte
Litzlfelden
Maiki-
steig
Einsiedelei
Maria Blut
Gmail-
köpfl
Kummer-
stein
iederkaiser
Rettenbachgraben
Start Adlerweg
Rummlerhof
775
Maurern
784
Saubichl
Burgwiesen
Hinterer Kaiser
Schwentling
Lamperer
Hinterkaiser
Maurerbach
Waldeck
Bärnstetten
Römerhof
775
Steinerberg
771
Wasser-
hochbehälter
Wilder-
Kaiser-
Steig
Maurerb.
753
Grander-
höfe
Rettenbach
Weitau
Koasa-
stadion
Rettenbachstüberl
Granada
Oberbürg
Einathen
Felbenhof
Bürg
Bacherwirt
Baum-
gartner

30. Ackerlspitze – Maukspitze

Anstrengende Aussichtsberge mit Felseinlagen

Ausgangspunkt: Griesner Alm, 1024 m, großer Parkplatz (erreichbar auf mautpflichtiger Straße) | **Charakter:** Aussichtsreiche Gipfeltour für Konditionsstarke und Bergerfahrene. Etliche recht spärlich gesicherte Passagen im oberen Teil, oft Altschneefelder (Teleskopstöcke) | **Einkehr:** Griesner Alm | **Karte:** KOMPASS Nr. 9, 09 (1:30 000)

Schwer | 10 km | 1580 hm / 1580 hm | 10 Std.

Auf dem Anstiegsweg zum Stripsenjochhaus zweigt links der beschilderte Weg zur nicht bewirtschafteten Fritz-Pflaum-Hütte ab. Zuerst fast eben dahin, später durch niederen Wald leicht ansteigend gelangen wir zum Fuß des Großen Griesner Kars, das sich zwischen Mitterkaiser und Predigtstuhl herabzieht. In vielen schweißtreibenden Kehren steigen wir über den Rücken, der etwa in der Mitte des Kars verläuft stetig bergan und gelangen schließlich in den von imposanten Felsmauern umrahmten Kessel, in dem die **Fritz-Pflaum-Hütte**, ein idealer Bergsteigerstützpunkt der Münchner DAV-Sektion Oberland, liegt.

Von der Hütte aus queren wir über die Geröllfelder weiter das Kar hoch (hier halten sich oft bis in den Sommer hinein Altschneereste), orientieren uns links und steigen über schrofige Felsen auf einen breiten Rücken hinauf.

In steiler werdenden Serpentinen führt der Steig weiter hoch in Richtung einer sichtbaren steilen Rinne, die wir links umgehen. Wir halten uns an die Felsen, übersteigen mehrere Felsaufschwünge, teilweise recht steil und gelangen über einen weiter aufsteigenden Grat zum Gipfelaufbau der Ackerlspitze. Durch ein Felsentor erreichen wir schlussendlich den mit einem runden Metallgestänge geschmückten **Gipfel**.

Nun weiter Richtung Osten durch eine Rinne hinab und auf den Grat, der uns zu einer **Scharte** hinabführt, von der aus die roten Markierungen wieder rund 100 Höhenmeter hinaufleiten zur **Maukspitze**, dem östlichen Ende des Wilden-Kaiser-Kammes, der hier eindrucksvoll jäh abbricht und ein hervorragendes Panorama bietet.

Beim **Abstieg** wieder zurück über den Verbindungsgrat zur Ackerl-

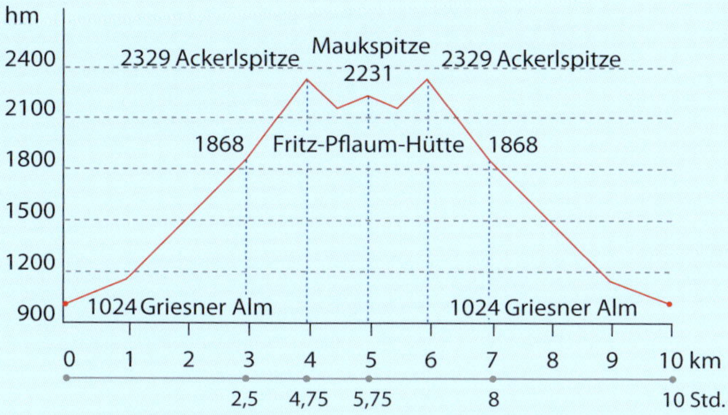

spitze und auf dem Anstiegsweg Richtung Fritz-Pflaum-Hütte.

Alternativ wäre es auch möglich, beim weiteren Abstieg ab der Fritz-Pflaum-Hütte den Weg durch das Kleine Griesner Kar zu wählen und dann die kurze Strecke zum Parkplatz bei der **Griesner Alm** hochzuwandern.

Ausgangspunkt für schwere Bergtouren, aber auch für leichte Wanderungen: die Griesner Alm

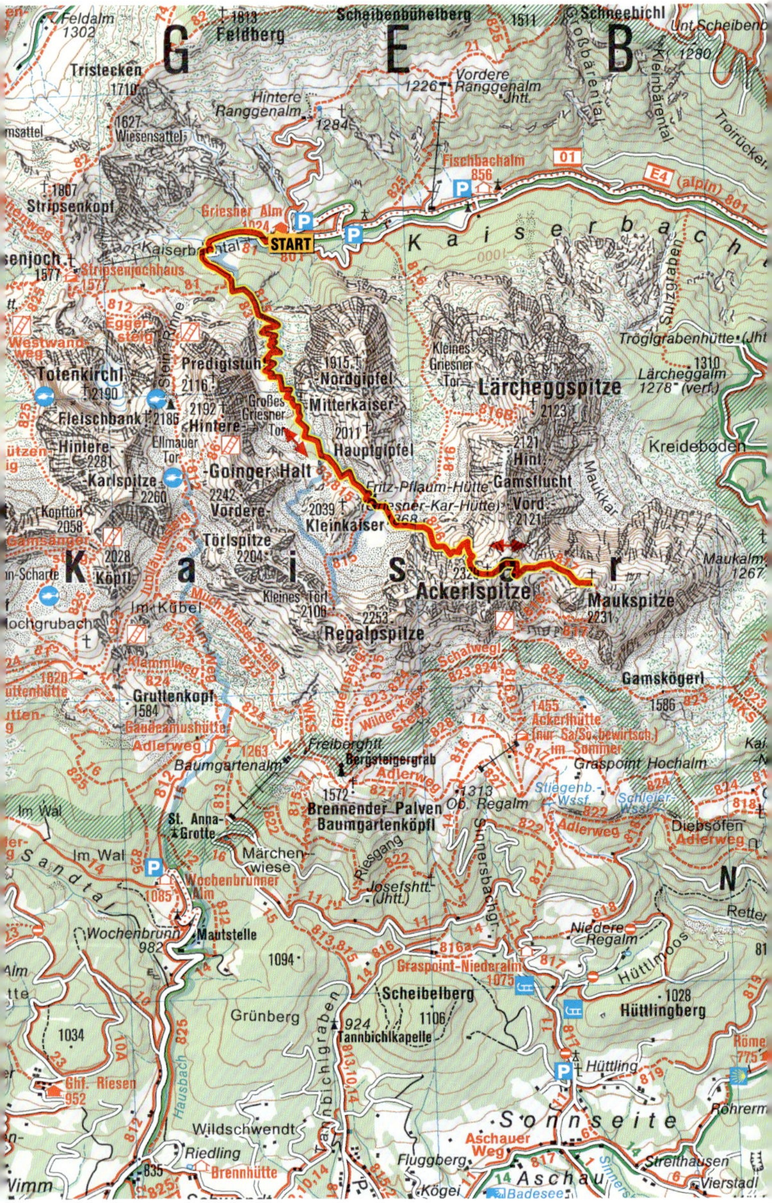

KOMPASS

0 500 m

Einwallalm
Stubenalm
Einwall
Rad-Weltpokal-Kurs
Schnappengraben
Jagdhtt.
Kohlenberg
1362
Foischingalm
999
Sprisslergraben
1226
Sprissleralm
Griesenau
Griesenau
Mautstelle
719
Altmühle
769
1219
Marcheralm
1180
1226
E4 (alpin)
Teufelskapelle
736
Teufelsgasse
Panoramaweg
Neustadlhof
1036
Teufels-
gassenalm
Feistötzalm
Steinstadl
Hinterberg
Reitwand
Reitberg
Ruppertsau
Astau
Faulern
Heinzern
1062
Pfarralm
Mitterer-
Weidmoosalm
799
1129
Grandneralm
Rad-
Weltpokal-
kurs
Innerwies
Birgl
749
Reiterer
Leerberg
1213
Steinberg
1106
176
1035
Wilder-Kaiser-Steig
Unteraigen
Kramerhof
Mitterjager
Jagd-
schlössl
Pointen
Rundweg
Federboden
Kamin-
stube
Vordermitterer
Unter-
angern
Holzwegkopf
1392
Hackeralm
1097
Schusteralm
Gasteig
746
Schattern
Stausee
Stausee
Mozart-
Radweg
757
Huberhöhe
Altmosergraben
Schwendtling
Bicheln
Mahd
977
Bacheralm
(nur Winter)
Rad-
Weltpokal-
Kurs
Einödalm
Gscheuergr.
Metzgeralm
Astaueralm
645
Hüttschadern
1322
Gscheuerkopf
1280
Schatterberg
Labturkopf
1434
Wilder-Kaiser-Steig
Maiki-
steig
1274
Gmailkapelle
Lourdesgrotte
Litzlfelden
Einsiedelei
Maria Blut
Gmail-
köpfl
Kummer-
stein
ederkaiser
Rad-
Weltpokal-
Kurs
Rummlerhof
Start Adlerweg
775
Maurern
Saubichl
Burgwiesen
Lamperer
784
Hinterer Kaiser
Schwentling
Waldeck
Maurerbach
Hinterkaiser
Steinerberg
771
Bärnstetten
Wasser-
hochbehälter
Wilder-
Kaiser-
Steig
Maurerb.
Tiroler
Stüberl
753
Rettenbach
Grander-
höfe
Weitau
Koasa-
stadion
Mitte
Bergland
Rettenbach
Oberbürg
Rettenbachstüberl
Granada
Einathen
Felbenhof
Bürg
Bacherwirt
Start-Ziel
St. Joh.

31. Fritz-Pflaum-Hütte, 1868 m

Ein stilles Ziel in wilder Natur

Ausgangspunkt: Griesner Alm 1024 m (großer Parkplatz); auf Mautstraße (ab Griesenau, ca. 5 km) erreichbar | **Charakter:** Anstrengende, kehrenreiche Pfade und Steige; steilere, drahtseilgesicherte Passagen beim Abstieg durch das Kleine Griesner Kar. **Einkehr:** Griesner Alm, evtl. Fischbachalm | **Karte:** KOMPASS Nr. 9, 09 (1:30 000)

Mittel | 7,5 km | 950 hm / 950 hm | 4,25 Std.

Die Wanderung zur Fritz-Pflaum-Hütte bietet bemerkenswerte Eindrücke in eine fantastische, bizarre Felsenwelt. In einem von Gipfeln und Wänden eingerahmten Kessel eingebettet liegt die Fritz-Pflaum-Hütte als idealer Ausgangsort für Kletterer und Bergsteiger im Sommer und für Skitourengeher im Winter. Man sollte aber nicht vergessen, dass die Hütte nicht bewirtschaftet ist, was andererseits den Vorteil hat, dass man bei dieser Wandertour durchaus noch die vielgerühmte Berg - einsamkeit genießen kann.

Vom Großparkplatz an der **Griesner Alm** machen wir uns auf den Weg Richtung Stripsenjochhaus. Nach den ersten Kehren, bevor sich der Hüttenweg scharf nach rechts wendet, zweigt links der deutlich markierte Weg zur Fritz-Pflaum-Hütte ab. Durch den Graben und im Wald hinauf zum Großen Griesner Tor, wie das untere Ende des Griesner Kars genannt wird. In vielen Serpentinen steigt man über den latschenbewachsenen Rücken weiter hoch, der sich mitten im Kar von oben herabzieht, flankiert von den Wandbstürzen des Predigtstuhls und des Mittelkaisers.

Unterhalb der Felsen des Kleinkaisers erreicht man nach mehreren Absätzen den geräumigen Kessel, in welchen unser angestrebtes Tagesziel, die **Fritz-Pflaum-Hütte**, eingebettet ist. Die umgebende Felsszenerie ist beeindruckend.

Wir steigen noch ein Stück weiter hoch in Richtung Ackerlspitze, bevor wir uns bei der Wegteilung nach links wenden und den Abstieg ins **Kleine Griesner Kar** beginnen. Deutliche Steigspuren führen uns über Geröll und Schuttreisen hinab durchs Kleine Griesner Tor, nachdem wir die Abzweigung rechts zum Lärchegg passiert haben. Im unteren Teil helfen zwei längere mit Drahtseilen versicherte Passagen beim raschen Absteigen. Sie leiten uns

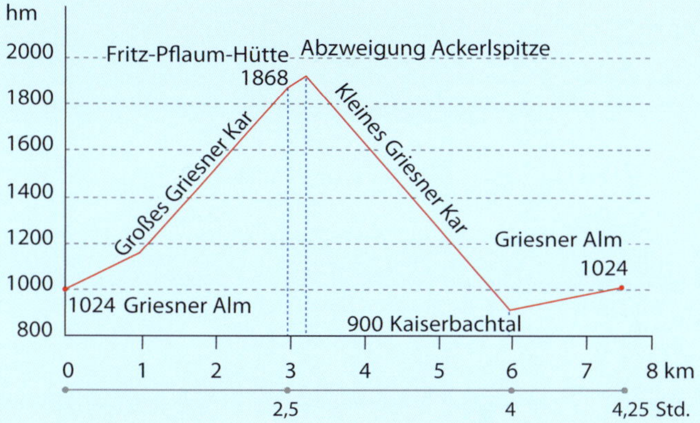

fast bis zum Talboden, vorbei an einem Felsabbruch mit Wasserfall zur Linken. Die Schuttreise nach links querend gelangt man in bewaldetes Gelände und erreicht über einen schmalen Pfad den breiten **Wanderweg** der nach links zur Griesner Alm hochführt. Wenn wir nicht noch bei der rechts in der Nähe liegenden Fischbachalm einkehren wollen, bringt uns der Wanderweg bald zurück zum Ausgangspunkt bei der **Griesner Alm**.

Das Große Griesner Kar, in dessen oberen Kessel die Fritz-Plaum-Hütte liegt.

KOMPASS

0 500 m

Granderalm (Einwallalm)
Stubenalm
1031
Einwall
694
I R G E
Rad-Weltpokal-Kurs
Schnappengraben
Jagdhtt.
Foischingalm
999
Kohlenberg
1362
1226
Sprissleralm
Griesenau
Griesenau
Mautstelle
719
01
23
Altmühle
769
1219
Marchera
1226
1,3,5
E4 (alpin)
Teufelskapelle
736
801
250
Engelbach
Panoramaweg
Steinstadl
Neustadlhof
1036
Teufelsgasse
Teufels-gassenalm
Hinterberg
Reitwand
Reitberg
Ruppertsau
Astau
Faulern
Heinzern
Mitterer-Weidmoosalm
799
1129
Grandneralm
Rad-Weltpokal-kurs
Innerwies
749
Kreidegraben
Birgl
Reiterer
Steinberg
1106
176
1035
819
Wilder-Kaiser-Steig
Unteraigen
Kramerhof
Mitterjager
Rundweg Federboden
Jagdschlössl
Pointen
Vordermitterer
Holzwegkopf
Kamin-stube
746
Luigamb.
Gasteig
Schusteralm
Schattern
801
Stausee
1392
Hackeralm
1097
231
Stausee
757
Huberhöhe
Bichel
WKS
Altmosergraben
Schwendtling
Rad-Weltpokal-Kurs
Hochalm
231
818
Mahd
230
977
Bacheralm (nur Winter)
Astaueralm
645
Einödalm
Gscheuergr.
Metzgeralm
Kaiser-Niederalm
1322
818
Hüttschadern
Granderalm
Gscheuerkopf
1280
Schatterberg
Labturkopf
1434
Wilder-Kaiser-Steig
1274
Gmailkapelle
Lourdesgrotte
Litzlfelden
822
824
Maiki-steig
Einsiedelei Maria Blut
Gmail-köpfl
Kummer-stein
iederkaiser
Rad-Weltp Kurs
Rummlerhof
775
Start Adlerweg
Saubichl
Burgwiesen
819
Maurern
822
811
Hinterer Kaiser
Lamperer
784
217
Schwentling
Hinterkaiser
Maurerbach
Waldeck
652
824
217
Bärnstetten
Steinerberg
771
Wasser-hochbehälter
Wilder-Kaiser-Steig
Maurerb.
14
Rettenbach
753
Grander-höfe
Weitau
Koasa-stadion
Rettenbach
824
Oberbürg
Rettenbachstüberl
Granada
Einathen
Felbenhof
Bürg
Bacherwirt
Baum-gartner
Start-Zi
St.

32. Hintere Goinger Halt, 2192 m

Über die Steinerne Rinne zum Aussichtsgipfel

Ausgangspunkt: Griesner Alm 1024 m (großer Parkplatz); auf Mautstraße (ab Griesenau, ca. 5 km) erreichbar | **Charakter:** Häufig begangene Tour, die nicht unterschätzt werden darf. Der Eggersteig weist ausgesetzte Passagen auf, die Steinere Rinne verlangt Trittsicherheit (Steinschlaggefahr). Gute Wetterverhältnisse sind Voraussetzung | **Einkehr:** Griesner Alm; unterwegs keine (Getränke mitnehmen!) | **Karte:** KOMPASS Nr. 9, 09 (1:30 000)

Mittel | 9 km | 1170 hm / 1170 hm | 6 Std.

Auch wenn das Gipfelziel, die Hintere Goinger Halt, als ausgesprochen leichtes Ziel für Kaiser-Verhältnisse gilt, so ist der Anstieg von der Nordseite über den Eggersteig und die Steinerne Rinne eine nicht zu unterschätzende Unternehmung, die Trittsicherheit, Schwindelfreiheit und stabiles Wetter verlangt. Wer von der Griesner Alm aus ansteigt, sollte auch diese zusätzlichen Höhenmeter berücksichtigen, die anfangs so manchem ganz schön in die Beine gehen. Und wer vergessen hat genügend Flüssigkeitsproviant mitzunehmen, der wird dies spätestens beim Ellmauer Tor bitter bereuen.

Der Weg beginnt direkt hinter der **Griesner Alm**, führt über einen Bach und dann zuerst über weite Kehren in den Wald hinein. Man passiert die Abzweigung zur Fritz-Pflaum-Hütte, aber der es nun steiler wird und in engen Kehren bergan geht, bis man aus dem Wald heraustritt und es weniger steil ansteigend am Fuße der mächtigen Kaiserfelsen in Westrichtung weitergeht. Von links ziehen die Flanken des Predigtstuhls und der Fleischbank herab und weisen uns den Aufstiegsweg durch die Steinerne Rinne. Geradeaus ist auf einem Felskopf das Stripsenjochhaus zu sehen. Kurz bevor man die Serpentinen erreicht, die zum Stripsenjoch und zur gleichnamigen Hütte hinaufführen, zweigt links ein markierter Pfad ab, der uns in angenehmer Steigung an den Fuß der Felsen hinaufqueren lässt.

Dort erreicht man das erste Sicherungsdrahtseil des **Eggersteigs**, der uns – anfangs mit einer luftigen Stelle – in ständigem Auf und Ab hinüber zum Fuß der Steinernen Rinne bringt. Der immer wieder drahtseilgesicherte Weg bringt uns in gleichmäßiger Steigung durch das imposante Felskar nach oben, wo wir auf den letzten, flacheren Metern oft noch auf Altschneefelder stoßen. Das **Ellmauer Tor** ist erreicht, wenn sich plötzlich der Blick ins gegenüberlie-

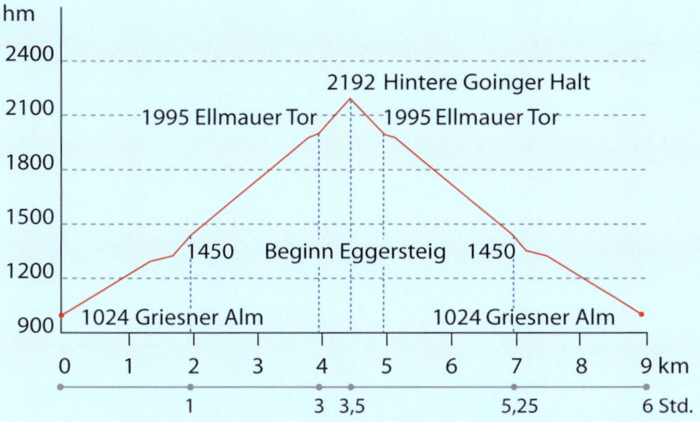

gende Tal öffnet, hinunter nach Ellmau und Going. Nach einer wohlverdienten Pause steigen wir linkerhand über Blockgestein auf, queren einen Schutthang, bis wir auf eine versicherte Stelle stoßen, wo es durch eine Rinne steil nach oben zum felsigen Grat geht.

Hier wiederum links haltend über einige felsige Stufen hinweg und bald ist das bereits sichtbare Gipfelkreuz auf der **Hinteren Goinger Halt** erreicht.

Der **Abstieg** verläuft über den Aufstiegsweg.

Die letzten Meter vor dem Gipfelkreuz der Hinteren Goinger Halt.

Feldalm
1302
Ropanzen
1572
Feldberg
Scheibenbühelberg
1511
Tristecken
1710
Vordere
Ranggenalm
Jhtt.
Hintere
Ranggenalm
1284
Feldalmsattel
1627
Wiesensattel
Fischbachalm
856
Stripsenkopf
Griesner Alm
1024
START
Kaiserbachtal
Stripsenjoch
1577
Stripsenjochhaus
Jagabründl
801 (alpin)
812
Eggersteig
Westwandweg
Predigtstuhl
2116
Totenkirchl
2190
Fleischbank
2186
2192
Hintere
Großes Griesner Tor
Ellmauer Tor
Goinger Halt
1915
Nordgipfel
Mitterkaiser
2011
Hauptgipfel
Kleines Griesner Tor
Lärchegg
2123
Hint.
Gamsfluch
Vord.
2121
Totensessel
1746
Hoher Winkel
Kleines Halt
2116
Kaiserschützen Klettersteig
Hintere
2281
Karlspitze
2260
Gamshalt
2291
Ellmauer Halt
2344
Babenstuberhütte
Kopftörl
2058
Gamsänger
2242
Vordere
Fritz-Pflaum-Hütte
(Griesner-Kar-Hütte)
1868
2039
Kleinkaiser
Törlspitze
2204
2028
Köpfl
Rote-Rinn-Scharte
2171
Kaiserkopf
Hochgrubach
Im Kübel
Jubiläumssteig
Much-Wiesel-Steig
Kleines Törl
2106
2253
Regalpspitze
2329
Ackerlspitze
Treffauer
2304
Schafweg
Klammlweg
1620
Gruttenhütte
Gruttenweg
Gruttenkopf
1584
Gaudeamushütte
Adlerweg
1263
Baumgartenalm
Freiberghtt.
Bergsteigergrab
Gildensteig
Wilder-Kaiser-Steig
1455
Ackerl
1962
Krummbach-
egg
Höhenweg
Im Wal
Adlerweg
St. Anna-
Grotte
1572
Brennender Palven
Baumgartenköpfl
Adlerweg
1313
Ob. Regalm
Märchenwiese
Riesgang
Sandtal
Riedlhütte
1224
Wochenbrunner
Alm
1085
Josefshtt.
(Jhtt.)
1170
Buchauer Alm
Jhtt.
Wochenbrunn
982
Mautstelle
1094
Graspoint-Niederalm
1075
Biedringer Alm
Biedringer Platte
Scheibelberg
1106
Grünberg
924
Tannbichlkapelle
1034
Tannbichlgraben
Widauer
Ghf. Riesen
952
Hausbach
Biedring
Föhrenwald
Wildschwendt
Aschauer Weg
Ellmauer Kaiserbad
Wimm
Riedling
835
Brennhütte
Fluggberg
Kögei
Badesee

0 500 m

Unt.Scheibenbichlalm
Kleinbärental
Troirücken
Rad-Weltpokal-Kurs
Einwall
Foischingalm
999
Schnappengraben
Jagdhtt.
Stubenalm
Griesenau
Mautstelle
719
Altmühle
769
1219
E4 (alpin) 801
Teufelskapelle
736
Panoramaweg
Engelbach
Steinstadl
Neustadl
1036
Sulzgraben
Troglgrabenhütte (Jhtt.)
Reitwand
1310
Lärcheggalm
1278 (verf.)
Mitterer-Weidmoosalm
799
Reitberg
1129
Grandneralm
Ruppertsau
Rad-Weltpokal-kurs
Astau
Innerwies
Kreidegraben
Birgl
749
176
Kreideboden
Steinberg
1106
1035
Wilder-Kaiser-Steig
Unteraigen
Mitterjager
Kramerhof
Jagdschlössl
Rundweg Federboden
Maukalm
1267
Holzwegkopf
Kamin-stube
746
Schusteralm
Gasteig
Schattern
1392
Hackeralm
1097
Gamskögerl
1586
Altmosergraben
Schwendtling
Hochalm
Mahd
Kaiser-Niederalm
Einödalm
Metzgeralm
977
Bacheralm (nur Winter)
Astaueralm
1322
Gscheuergr.
Granderalm
Labturkopf
1434
Gscheuerkopf
1280
Schatterberg
Diebsöfen
Adlerweg
Maiki-steig
1274
Gmailkapelle
Einsiedelei Maria Blut
Gmail-köpfl
Niederkaiser
Rummlerhof
775
Start Adlerweg
Maurern
Saubichl
Burgwiesen
811
Rettenbachgraben
784
Hinterer Kaiser
Schwentling
Hinterkaiser
1028
Hüttlingberg
Maurerbach
Waldeck
Steinerberg
771
Bärnstette
Römerhof
775
Rettenbach
Wasser-hochbehälter
Wilder-Kaiser-Steig
753
Grander-höfe
Weitau
Rohrermoos
Rettenbach
Oberbürg
Rettenbachstüberl
Granada
Streithausen
Einathen
Felbenhof
Bürg
Bacherwirt
Vierstadl
Baum-gartner

33. Ellmauer Tor, 1995 m

Auf spektakulärem Felsweg ins Herz des Wilden Kaisers

Ausgangspunkt: Stripsenjochhaus, 1577 m; Hüttenanstieg von Kufstein siehe S. 92/93 (Tour 20) | **Charakter:** Eine vielbegangene Tour, die aber nicht unterschätzt werden sollte. Der Eggersteig weist ausgesetzte Passagen auf, die Steinere Rinne verlangt Trittsicherheit (Steinschlaggefahr). Gute Wetterverhältnisse sind Voraussetzung | **Einkehr:** unterwegs keine (Getränke mitnehmen! | **Karte:** KOMPASS Nr. 9, 09 (1:30 000)

Mittel | 5 km | 660 hm 660 hm | 3,75 Std.

Es ist von Vorteil, dass der Einstieg zum Eggersteig vom Stripsenjochhaus schnell erreicht ist und deshalb so mancher auch schnell entscheiden kann, ob er sich diese Tour zutrauen darf. Wer die ersten, etwas ausgesetzten Meter problemlos übersteht, kann sich auch – vorausgesetzt die Kondition stimmt – die restlichen ca. 400 Höhenmeter zumuten. Dass diese Wanderung ins steinere Herz des Wilden Kaiser nur bei stabilen Wetterverhältnissen angetreten werden soll, bedarf eigentlich keiner zusätzlichen Erwähnung. Auch wenn eine Tour vielbegangen ist, wird sie dadurch nicht leichter oder ungefährlicher. Wer sich an diese Vorgaben hält, wird belohnt durch die fantastischen Eindrücke, die ihm die in den Himmel aufragenden Felswände links und rechts des Weges vermitteln. Berühmte Namen haben sich in diesen Felsen verewigt, schwierigste Routen durchziehen die Wände und es fällt an vielen Tagen nicht schwer, Kletterer in den Wänden ausfindig zu machen.

Nach kurzem Abstieg vom **Stripsenjochhaus** erreichen wir die markierte Abzweigung nach rechts, die gemächlich ansteigend zu den Felsen hinüberleitet. Am ersten Drahtseil hoch, um eine bauchige Stelle ausgesetzt herum und dann mehrmals Auf und Ab bringt uns der **Eggersteig** an den Fuß des riesigen Felskars, das als **Steinerne Rinne** benannt wird. Ausgiebig markiert und immer wieder mit Drahtseilen bestückt leitet uns der nicht zu übersehende Steig in gleichbleibender Steigung nach oben. Es lohnt sich, immer wieder nach rückwärts zu schauen, der Tiefblick ist herrlich. Auch wenn sich oft Abkürzungen anbieten, sollte man den gekennzeichneten Weg nicht verlassen, die Steinschlaggefahr ist

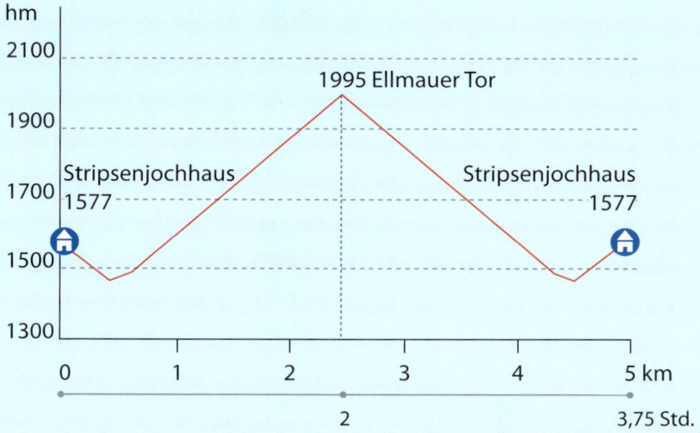

relativ groß, und durch das enge Kar sind die nachfolgenden Bergwanderer meist direkt in der Falllinie und dadurch außerordentlich gefährdet.

Vorbei an Gedenkmarterl (für abgestürzte Kletterer) gelangt man nach vielen Kehren im oberen Teil der Steinernen Rinne auf ein flacheres Stück, das sehr oft bis weit in den Sommer hinein mit Schnee gefüllt ist, und hat dann auch bald den höchsten Punkt erreicht: das **Ellmauer Tor**, den sattelartigen, weithin sichtbaren Übergang.

Hier bieten sich fantastische Ausblicke in die Kitzbüheler Alpen und zum Alpenhauptkamm.

Der **Abstieg** verläuft auf dem Anstiegsweg. Vorsicht: Keinen Steinschlag auslösen!

Das Ellmauer Tor präsentiert sich beeindruckend vom Anstiegsweg über die Steinerne Rinne aus.

KOMPASS

0 500 m

E B I R
Unt. Scheibenbichlalm
1280
1511
Vordere Ranggenalm Jhtt.
1226
1284
Kleinbärental
Troirücken
Rad-Weltpokal-Kurs
Einwall
694
(Einwallalm)
Foischin
999
Fischbachalm
856
01
E4 (alpin) 801
Griesenau
Griesenau
Mautstelle
719
23
Kaiserbachtal
Sulzgraben
250
Teufelskapell
Engelbach
Kleines Griesner Tor
Tröglgrabenhütte (Jhtt.)
1310
Lärcheggalm
1278 (verf.)
Reitwand
Mitterer-Weidmoosalm
799
Reitberg
1129
Grandne
1915
Nordgipfel
Mitterkaiser
Lärcheggspitze
2123
816B
2011
Hauptgipfel
2121
Hint. Gamsflucht
Vord.
2121
Maukkar
Kreideboden
Kreidegraben
Birgl
Steinberg
1106
Fritz-Pflaum-Hütte
(Griesner-Kar-Hütte)
1868
819
Wilder-Kaiser-Steig
2329
Ackerlspitze
Maukspitze
2231
Maukalm
1267
Holzwegkopf
1392
Hackeralm
1097
Schusteralm
2253
Regalpspitze
Schafwegl
817
823
WKS
Gamskögerl
1586
Altmosergraben
Schwendtling
231
818
Mahd
Gildensteig
Wilder-Kaiser-Steig
1455
Ackerlhütte
(nur Sa/So bewirtsch.)
im Sommer
Hochalm
Einödalm
Kaiser-Niederalm
Gscheuergr.
Metz
Bergsteigergrab
Adlerweg
Graspoint Hochalm
1322
Granderalm
Labturkopf
1434
Gscheuerkopf
1280
1572
1313
Ob. Regalm
Stiegenb.-Wssf.
Schleier-Wssf.
Brennender Palven
Baumgartenköpfl
Sinnersbachgl.
822
Adlerweg
Diebsofen
Adlerweg
Wilder-Kaiser-Steig
Riesgang
Josefshtt. (Jhtt.)
Niederkaiser
Rettenbachgraben
Start Adlerweg
775
Maurern
784
Niedere Regalm
Hüttlmoos
811
Graspoint-Niederalm
1075
Scheibelberg
1106
924
Tannbichlkapelle
1028
Huttlingberg
Römerhof
775
217
Hinter
Steine
Rettenbach
753
Grander-höfe
Hüttling
Röhrermoos
Rettenbac
Sonnseite
Aschauer Weg
Oberbürg
Fluggberg
Streithausen
Einathen
Felbenhof
Bürg
Bacherwirt
Aschau
Sinnersbach
Vierstadl
Baum-gartner
Kögei
Badesee Going
Mühlpoint

34. Ellmauer Tor – Kopftörl, 2058 m

Abwechslungsreiche Doppelüberschreitung mit Hüttenstützpunkt

Ausgangspunkt: Stripsenjochhaus, 1577 m; Hüttenanstieg von Kufstein siehe S. 92/93 (Tour 20) | **Charakter:** Lange und anspruchsvolle Tour mit etlichen versicherten Passagen; beim Abstieg im Hohen Winkel oft Altschneereste | **Einkehr:** Stripsenjochhaus, Gruttenhütte | **Karte:** KOMPASS Nr. 9, 09 (1:30 000)

Mittel | 9 km | 1310 hm / 1310 hm | 6,5 Std.

Wer bei dieser anstrengenden Überschreitung Konditionsmängel spürt oder in Zeitnot gerät, hat die Möglichkeit, nicht nur im Stripsenjochhaus zu nächtigen, sondern auch die Tour bei der Gruttenhütte zu unterbrechen. In jedem Falle sollte man sich nur in guter Verfassung und auch rechtzeitig auf die hier vorgeschlagene Doppelüberschreitung machen. Trittsicherheit, Schwindelfreiheit und Bergerfahrung sind notwendig, denn neben den gut gesicherten Passagen in der Steinernen Rinne und dem Jubiläumssteig können beim Abstieg vom Kopftörlgrat durchaus die erwarteten hilfreichen Drahtseile noch unter Altschneeresten begraben sein, und besonders der oberste, steile Abschnitt darf dann nicht unterschätzt werden.

Wie bei Tour 33 gelangen wir über den Eggersteig und die Steinerne Rinne zum **Ellmauer Tor**. Jenseits das Schuttkar hinunter (im oberen Teil oft noch über ein Schneefeld) bis man auf eine Wegverzweigung nach rechts trifft. Geradeaus führt der Weg über den Schutt weiter zur Gaudeamushütte. Man schwenkt rechts und erreicht bald die ersten Drahtseile und die nächste Wegverzweigung (links hinunter zur Gaudeamushütte). Unser Weiterweg ist als **Jubiläumssteig** markiert und wartet mit einigen gut gesicherten Klettersteigpassagen auf. Einem schmalen Felsdurchschlupf folgt eine Hangelstelle über einen Balken, dann nach mehrmaligem Auf und Ab klettert man über zwei Eisenleitern steil hinab, um auf der anderen Seite wieder hochzusteigen und nach der folgenden Flachpassage vor der **Gruttenhütte** zu stehen.

Hinter der Hütte hält man sich an die Markierung „Kopftörl, Hoher Winkel" und steigt über den gra-

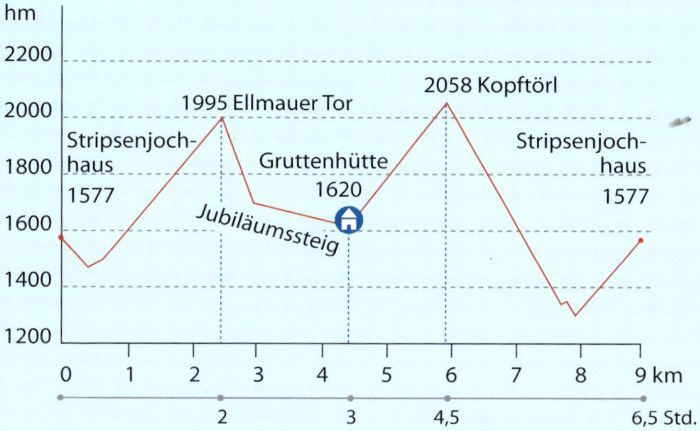

sigen Rücken rechtshaltend in Richtung Felsen an. Das letzte Stück ist drahtseilgesichert und bringt uns durch einen Kamin auf den Kamm. Wir überklettern diesen und gelangen entlang einer glatten Felswand zu einem interessanten Felsspalt (**Kaindl-Stewart-Turm**) und kurz darauf zum **Kopftörl**. Von hier zuerst steil über Schutt (oft Schnee) in engen Kehren hinab, dann rechts an den Felswänden entlang bis das weniger steile, latschenbewachsene Gelände erreicht wird. Auf gut sichtbarem Pfad weiter (mit einem kurzen Gegenanstieg über eine Leiter) stößt man auf den Weg von Hinterbärenbad. Rechtshaltend gelangt man nach einigen ansteigenden Serpentinen wieder zur **Stripsenjochhütte**.

Der auffällige Kaindl-Stewart-Turm, kurz vor Erreichen des Übergangs am Kopftörl.

KOMPASS

0 500 m

Schneebichl
1470
Unt.Scheibenbichlalm
1280
Kleinbärental
Troirücken
Granderalm (Einwallalm)
694
Einwall
Rad-Weltpokal-Kurs
1031 Stubenalm
Schnappengraben
Jagdhtt.
Foischingalm
999
Griesenau
Mautstelle
719
Altmühle 769
E4 (alpin)
801
Teufelskapelle
736
Panoramaweg
Steinstadl
1219
Astau
250
Sulzgraben
Tröglgrabenhütte (Jhtt.)
1310
Lärcheggalm 1278 (verf.)
Reitwand
Mitterer-Weidmoosalm
799
Engelbach
Reitberg
1129
Grandneralm
Ruppertsau
Rad-Weltpokal-kurs
Innerwies
749
176
Kreidegraben
Kreideböden
Birgl
Steinberg
1106
Maukkar
Wilder-Kaiser-Steig
Unteraigen
Mitterjager
Kramerhof
Rundweg Federboden
Kaminstube
Maukalm
1267
Maukspitze
2231
Holzwegkopf
1392
Hackeralm
1097
Schusteralm
Luigamb.
Gasteig
746
Schattern
WKS
Gamskögerl
1586
Altmoosergraben
Schwendtling
231
818
Mahd
Hochalm
Einödalm
Kaiser-Niederalm
Graspoint Hochalm
1322
Metzgeralm
230
977
Bacheralm (nur Winter)
Gscheuergr.
Gscheuerkopf
1280
Granderalm
Labturkopf
1434
Schatterberg
1274
Gmailkapelle
Schleier-Wssf.
Adlerweg
Diebsöfen
Maiki-steig
Niederkaiser
Einsiedelei Maria Blut
Rummlerhof
Start Adlerweg
775
Maurern
Saubichl
Niedere Regalm
Huttlmoos
Rettenbachgraben
811
784
Hinterer Kaiser
Schwentlin
1028
Hüttlingberg
Hinterkaiser
Maurerbach
Waldeck
Steinerberg
771
Wasser-hochbehälter
Wilder-Kaiser-Steig
Römerhof
775
Hüttling
Rettenbach
753
Granderhöfe
Weitau
Röhrermoos
Rettenbach
Rettenbachstüberl
Granada
Oberbürg
Einathen
Felbenhof
Bürg
Bacherwirt
Streithausen
Vierstadl

35. Stripsenjochkopf, 1807 m und Feldberg, 1813 m

Zwischen Wildem und Zahmen Kaiser

Ausgangspunkt: Griesner Alm 1024 m (großer Parkplatz); auf Mautstraße (ab Griesenau, ca. 5 km) erreichbar. **Charakter:** Sehr schöne Aussichtswanderung auf gut begehbaren, teils steinigen Bergpfaden. Zum Stripsenkopf und zum Feldberggipfel sind einige schrofige und steilere mit Drahtseilen gesicherte Stellen zu passieren | **Einkehr:** Griesner Alm, Stripsenjochhaus, Ranggenalm | **Karte:** KOMPASS Nr. 9, 09 (1:30 000)

Leicht | 11 km | 1080 hm 1080 hm | 5,75 Std.

Für Bergsteiger und Kletterer ist das Stripsenjochhaus ein strategisch äußerst günstiger Ausgangspunkt für viele Kaiserunternehmungen, für Ausflügler ein begehrtes und relativ einfach zu erreichendes Tagesziel und für Bergwanderer die Zwischenstation für eine aussichtsreiche Höhenwanderung zwischen dem Wilden und dem Zahmen Kaiser.

Der Anstiegsweg zum Stripsenjochhaus führt zuerst über weite Kehren in den Wald hinein, wo es steiler bergan geht, bis man wieder leicht steigend am Fuß der mächtigen Kaiserfelsen der schon von weitem sichtbaren Hütte zustrebt. Hat man links die Abzweigung zur Steinernen Rinne passiert, windet sich der Weg nochmals in engen und steilen Serpentinen zum Stripsenjoch hinauf. Hinter dem auf dem Joch thronenden **Stripsenjochhaus** steigt man am Tavonaro-Kreuz vorbei über den zuerst grasigen, dann zunehmend schrofigen Hang hinauf bis zur Verzweigung. Links ist der Weg zum Stripsenkopf ausgeschildert (15 Min.), rechts quert der bequemere Weg (anfangs ein Drahtseil) unterhalb der Felsen Richtung Feldberg den Hang. Der steile Pfad zum **Stripsenkopf** hinauf ist mit Drahtseilen, Metall- und Holzstufen gesichert. Vom breiten Gipfelplateau aus präsentiert sich der Wilde ebenso wie der Zahme Kaiser äußerst eindrucksvoll. Unterhalb der Ackerlspitze schimmert die Fritz-Pflaum-Hütte im Griesner Kar herüber.

Der Weiterweg führt wieder hinab und über drei kleinere Zwischenerhebungen in teilweise felsigem Gelände – zwischendurch am **Tristecken** nochmals Drahtseilsicherungen – am Grat entlang zum Feldberg. Originell ist die so

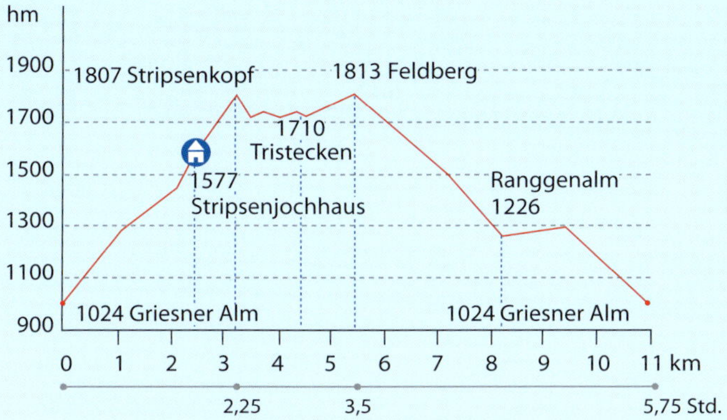

genannte Frankenländernadel, ein bizarrer Felsturm rechts des Weges kurz vor dem Tristecken. Das kümmerliche hölzerne Kreuz am breiten **Feldberggipfel** lädt zu einer aussichtsreichen Rast ein. Im Norden ist neben dem Gipfelzug des Zahmen Kaisers rechts der Walchsee und in der Ferne ist auch ein Teil des Chiemsees zu sehen.

Ein Schild weist uns den Abstiegsweg über den latschenbewachsenen Ostgrat hinab. Eine

Rückblick zum Feldberggipfel und den sehr aussichtsreichen Kammweg.

Feldberg
Scheibenbühelberg
Stripsenkopf
Stripsenjoch
Stripsenjochhaus
Griesner Alm
START
Fischbachalm
Vordere Ranggenalm
Hintere Ranggenalm
Wiesensattel
Tristecken
Kohllahnerkopf
Kohllahnersattel
Feldalm
Feldalmsattel
Scheibenkogel
Zasserlkögerl
Kohlalm
Totenkirchl
Predigtstuhl
Fleischbank
Karlspitze
Goinger Halt
Ellmauer Halt
Kleinkaiser
Lärcheggspitze
Ackerlspitze
Regalpspitze
Gruttenkopf
Fritz-Pflaum-Hütte
Gruttenhütte
Gaudeamushütte
Kaiserbachtal

erste Verzweigungsmöglichkeit mit einem deutlichen „STOP-Schild“ nach rechts passierend gelangen wir zu einem zur Rast einladenden grasigen **Sattel**. Hier weist uns die Beschilderung nach rechts hinunter zur Ranggenalm sowie zur Griesner Alm und Fischbachalm. Beim Materiallift der **Ranggenalm** halten wir uns rechts, folgen dem Schild „Griesner Alm Parkplätze“ und queren am Hang entlang nach Westen (zwischendurch nochmals leicht ansteigend) zur neu renovierten **Ranggen Hochalm** (1360 m) hinüber. Nun geht es auf breitem Weg in ausholenden Serpentinen rasch hinab zum Ausgangspunkt, dem längst sichtbaren – und meist gut gefüllten – Parkplatz bei der **Griesner Alm**.

Vorbei an Felsköpfen führt der gut begehbare Höhenweg in ständigem Auf und Ab zuerst in Richtung Scheibenbichlalm und dann rechts hinab ins Kaiserbachtal.

36. Obere Scheibenbichlalm, 1480 m

Ruhige Wald- und Almwanderung

Ausgangspunkt: Griesenau, 719 m (Parkplatz beim Eingang der Mautstraße, gegenüber dem Gasthof Griesenau) | **Charakter:** Leichte Wanderung auf breiten Wanderwegen und guten Bergpfaden | **Einkehr:** Gasthaus Griesenau, Fischbachalm | **Karte:** KOMPASS Nr. 9, 09 (1:30 000)

Leicht | 13 km | 760 hm 760 hm | 5 Std.

Der zwischen dem Wilden und dem Zahmen Kaiser gelegene Bergrücken ist ein hervorragender Aussichtsbalkon in diese ganze unterschiedlichen Gebirgsgruppen. Im Süden die steilen Kare und schroffen Wände und Zacken der berühmten Kletterberge, im Norden die eher sanften und runderen Formen des Zahmen Kaisers und seiner Ausläufer. Während die westliche Etappe vom Stripsenjochhaus zum Feldberg relativ häufig begangen wird, ist der östliche Abschnitt zwischen Griesenau und den Scheibenbichlalmen eine meist stille und ruhige Wandertour, bei der man – ohne auf technische Schwierigkeiten achten zu müssen – sich ganz dem Schauen widmen kann.

Von der Maustelle gegenüber dem **Gasthaus Griesenau** wandern wir auf der Fahrstraße zunächst ins Kaiserbachtal hinein, bis rechts ein markierter Weg („Feldberg/Scheibenbichlalm") abzweigt. Wir folgen den Serpentinen des Fahrwegs durch den schattigen, allerdings im unteren Teil auch aussichtslosen Wald hinauf. Bei einem Schild (roter Pfeil) verlassen wir die Fahrstraße nach links und kürzen die weitausholenden Kehren der Forststraße über einen schönen Waldpfad ab. So gewinnen wir rasch an Höhe, der Weg gewährt uns zunehmend mehr Ausblick und wir erreichen bald die Untere Scheibenbichlalm. Dort halten wir uns links, verlassen den Weg und folgen dem markierten Pfad, der uns zunächst südlich unterhalb des Schneebichls vorbei führt und uns später bei der **Oberen Scheibenbichlalm** wieder auf den breiten Weg treffen lässt.

Hier stoßen wir erneut auf eine Wegverzweigung und wir nehmen den zur Fischbachalm ausgeschilderten Abstieg nach links, der uns etwas steiler zunächst zur Ranggenalm hinableitet. Bei der Materialseilbahn nehmen wir den direkten Abstieg ins Kaiserbachtal Richtung **Fischbachalm**.

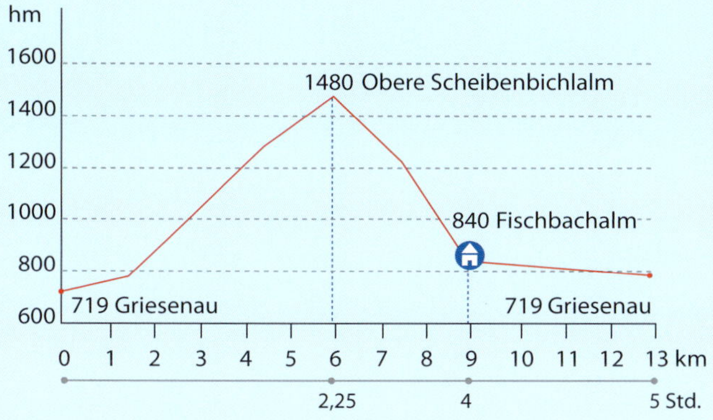

Nach einer Stärkung machen wir uns auf den Rückweg und folgen dem Kaiserbach Richtung Osten. Auf dem neben der Straße verlaufenden Wanderweg gelangen wir leicht abwärts gehend wieder zu unserem Ausgangspunkt in **Griesenau**.

Ein schöner Rastplatz in der Nähe der Scheibenbichlalm, kurz vor dem weiteren Abstieg ins Kaiserbachtal

KOMPASS

0 500 m